《电彩纷呈

奥斯特实验

磁力线

跳跃环

发电机与

电彩纷

支术馆简介

25年全国科普教育基地，位于武汉市洪山区高新大
主体建筑面积7万余平方米。

界、超级工程、生命3.0、仰望星空、绿水青山、儿
展、我是机器人、光伏发电、虚拟体验厅等专题展
星河等科学工作室，以及科普报告厅(科学秀场)、球
活动和科普影视空间。

培育创新人才、促进创新发展”为引领，致力搭建
力的科学学习空间，鼓励并帮助公众在沉浸式氛围中
发不断追求新知、探索未知、创新创造的兴趣与动力。

音号、快手号。

微信公众号

抖音号

快手号

湖北省科学技

湖北省科学技术馆(简称湖北省科技馆)是2021—20
道以北、光谷五路以东，总用地面积近19万平方米，

湖北省科技馆设有科学风暴、科技瑰宝、数理世
童科学乐园等8个常设展厅，中国工程院院士专家成果
厅，好奇屋、机智屋、智造工坊、山水野趣吧、坐看
幕影院、巨幕影院、沉浸式空中影院、天文台等公共

湖北省科技馆以“启迪创新智慧、汇聚创新文化、
参与、体验、互动为一体的展教融合平台和充满想象
探究自然奥秘、体验科技魅力、感受科学精神，并激

更多资讯可关注“湖北省科学技术馆”微信公众号、抖

》展品打卡图

涡 流

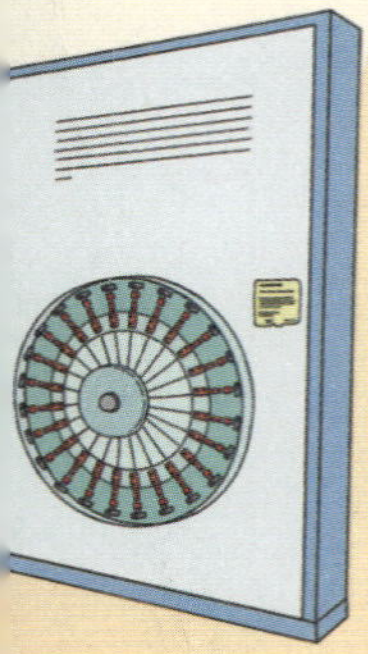

电动机

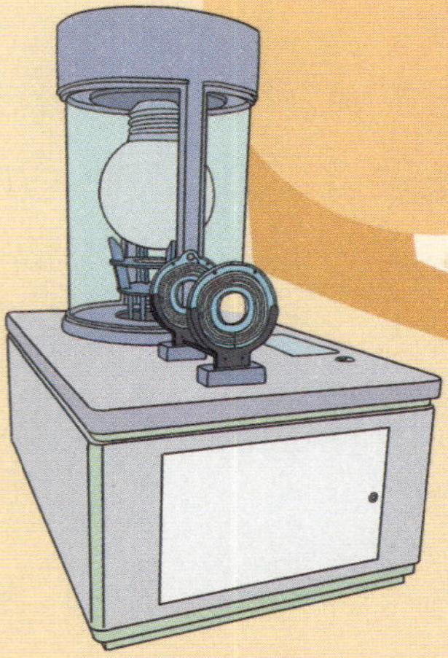

磁悬浮灯泡

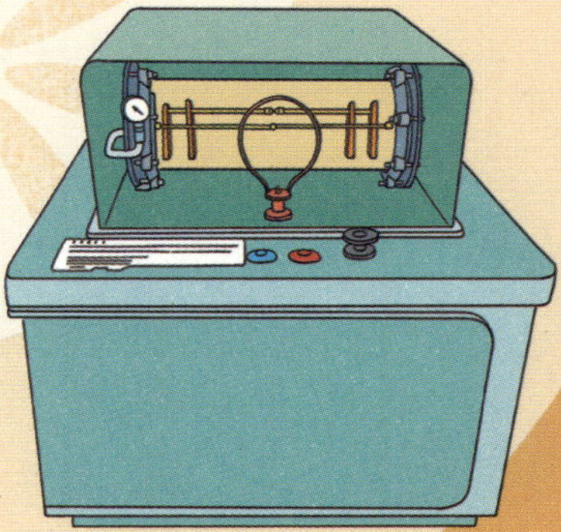

发现电磁波

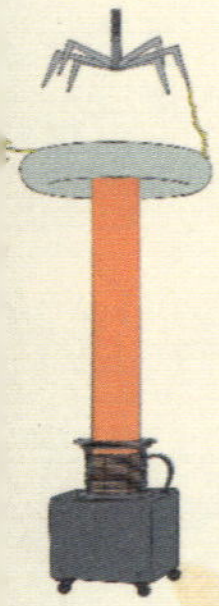

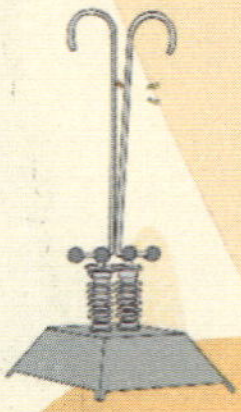

呈

小朋友，快来湖北省科技馆“数理世界”展厅找到这些展品打卡哦！

玩转科技馆

电彩纷呈

湖北省科学技术馆/组编
吴峰　夏珺　陈斌　曹亚伟/著
门神文化/绘

长江出版传媒　湖北科学技术出版社

图书在版编目（CIP）数据

玩转科技馆．电彩纷呈 / 湖北省科学技术馆组编 ；
吴峰等著 ；门神文化绘．-- 武汉 ：湖北科学技术出版社，2025.
7. -- ISBN 978-7-5706-4349-3

Ⅰ．Z228.1；O441.1-49

中国国家版本馆 CIP 数据核字第 2025TN1915 号

玩转科技馆：电彩纷呈
WANZHUAN KEJIGUAN DIANCAI FENCHENG

出 品 人：邓　涛
总 策 划：张　超　查　丹　刘志敏
策划编辑：魏　珩
责任编辑：魏　珩　余东轩
责任校对：秦　艺
封面设计：曾雅明

出版发行：湖北科学技术出版社
地　　址：武汉市雄楚大街 268 号（湖北出版文化城 B 座 13—14 层）
电　　话：027-87679468　　邮　　编：430070

印　　刷：湖北今印印务有限公司　　邮　　编：434000

---

787 毫米 ×1092 毫米　1/16　5 印张　2 插页　63 千字
2025 年 7 月第 1 版　2025 年 7 月第 1 次印刷
定　　价：29.80 元

（本书如有印装问题，可找本社市场部更换）

“玩转科技馆”系列丛书

好奇无界　探索不止

每个开馆日，我们都在湖北省科技馆里，看到许许多多闪闪发亮的眼睛——那是孩子们因触碰未知而燃起的好奇之火、因理解规律而闪烁的智慧之光。科学探索的旅程，始于那些与生俱来、永不枯竭的“为什么”。这份天然的好奇心，是人类智慧最宝贵的原动力，是驱动文明进步的永恒引擎。

作为科普工作者，我们珍视并全力守护着这些童真之问。在“仰望星空”展厅感知星辰的脉搏，在“绿水青山”展厅探寻湿地的秘密……每一个互动展品、每一次动手体验、每一场科学演示，我们都精心设计，只为唤醒孩子们心中沉睡的探索欲，让科学不再是冰冷公式，而成为充满温度、可感可触的奇妙体验。

然而，实体科技馆的大门总有关闭的时刻，再精彩的展览也终有闭幕的一天。当孩子们离开科技馆，那份被点燃的好奇心和探索欲，是否还能持续燃烧？那些有趣的科学现象和未解之谜，是否还能随时和大家相伴？

正是为了回应这份珍贵的“意犹未尽”，我们萌生了编写“玩转科技馆”系列丛书的想法。我们努力将湖北省科技馆的精彩体验、科学探索的思维方法浓缩于书页之间。它并非简单的地图导览或知识汇编，而是策展理念与内容的深度延伸。我们希望它成为一座永不打烊的“好奇补给站”、一个可以随身携带的“探索工具箱”！

亲爱的小朋友们，请永远珍视心中那份追问“为什么”的纯真好奇，勇敢释放那份“让我试试看”的探索冲动。愿此书为舟，载着你们的好奇、智慧与勇气，在“科学 · 文明 · 未来”的航道上，扬帆远航！

“玩转科技馆”系列丛书编委会

2025 年 6 月

扫码探索科技馆里的奇妙世界！

人物介绍

智·小·博

湖北省科技馆的机器人小管家，背上的星立方背包可以自由切换大小，里面不仅藏着各种“秘密武器”，还能带领大家瞬间来到湖北省科技馆；热爱与孩子们一起探索知识，不论对生活常识还是科学原理都了如指掌，腰间佩戴的次元腰带可以通过投影的方式将知识可视化呈现出来。

爱好：通过各种闯关任务带领孩子们体验科学的魅力。

皮皮

好奇心极强的五年级男生，乐于尝试新鲜事物，个性跳脱但有些冲动，因为喜欢耍小聪明吃了不少闷亏，不过很快又会抛之于脑后，是个名副其实的乐天派。

爱好：探索未知事物，捉弄阿豆，挑衅灵宝（偶尔）。

灵宝

皮皮的同班女同学，喜欢读书，性格沉稳，具有一定的知识储备和较强的逻辑思辨能力，总能在关键时刻灵光一闪找到问题症结所在，是班里的小机灵。

爱好：学习、运动、思考……

阿豆

皮皮的同班男同学，憨厚善良，待人真诚，善于观察和发现问题，无条件地相信小伙伴，常在危急关头生出急智。

爱好：吃零食，和皮皮、灵宝一起探索世界。

Contents

目录

第1章

奥斯特实验

看我新买的这款无人机，操作手感一流！
小心那棵树！
糟糕，下面是一口井！
井深 2 米
改造维修中
这口井好深。
我来看看有没有长一点的树枝。
树枝就算能够到也勾不住啊。
我有办法把无人机打捞起来，但是需要大家的帮忙！
什么办法呀？
这个无人机有大量铁质部件，我们可以做一个电磁铁把它吸上来。不过，这需要用到电池、铜线和铁芯。

我这里有备用电池。
这是我昨天做手工剩下的铜线。
这个工具箱里有螺栓，可以当铁芯用。
完成啦！
接下来把它固定在竹竿上伸到井里去试试看能不能把无人机吸上来吧。
让我来！
注意安全……
吸住了！
螺栓为什么会变成磁铁呢？
智小博，快跟我们讲讲吧！

为什么缠绕通电铜丝的螺栓会有磁力？

问题的答案就在湖北省科技馆“数理世界”展厅里，跟我来吧。

“奥斯特实验”展品的台面上按前后高、中间低的规律，设置了5排指南针，所有指南针的指针都指向左右两侧的南北方向。指南针上方横向摆放了一个代表电池的电源，右边是正极，左边是负极，正负极两侧连着一根粗粗长长的导线，导线围成一个圈，指南针阵列放在导线圈的中间。现在，我们点击展台上的启动按钮，将电源启动，当电流通过导线时，看看会发生什么？

指南针动了！

导线不通电时，磁针指向南北方向；通电后，指南针竟然偏转了！

为什么通电导线会让指南针偏转呢？

通电导线之所以会让指南针偏转，是因为导线中的电流会产生一个环绕导线的磁场，这个磁场对小磁针施加了磁力，使小磁针发生了偏转。

通电导线周围的磁场用磁感线来表示，就是一种在垂直于导线的平面上的圆形闭合曲线。磁场的方向与导线中电流的方向有关，我们可以用通电直导线中的安培定则来判断：用右手握住导线，大拇指指向电流方向，其余四指环绕所指的方向就是磁场的方向。

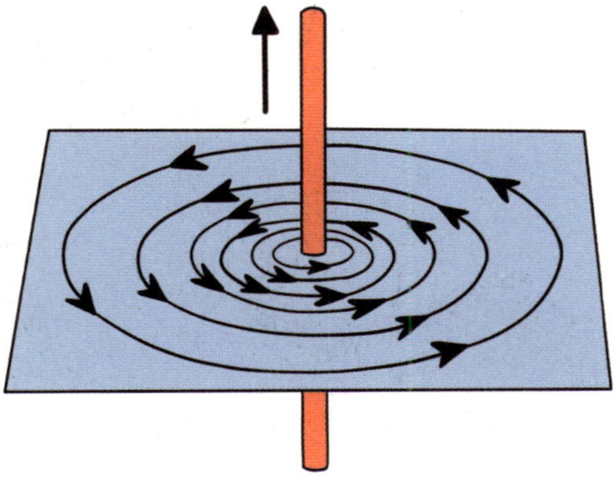
磁感线示意图

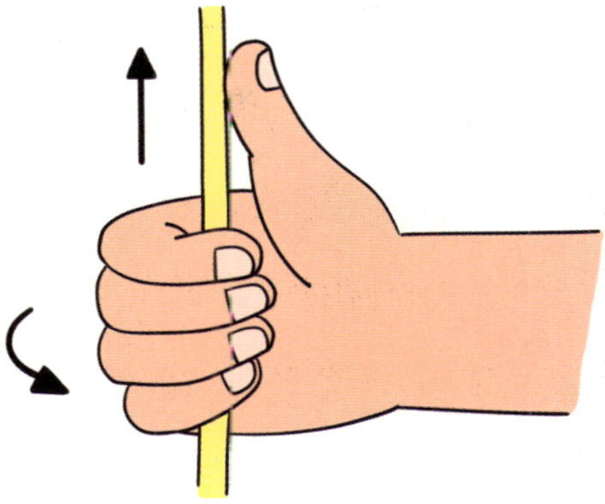
通电直导线中的安培定则示意图

正常情况下，指南针红色的 N 极在地磁场的影响下会一直指向地球的北极，但是当我们在展台上将通电的粗导线放在这些指南针的旁边时，它们就会被粗导线的中电流产生的磁场所影响。粗导线中的电流从右边的正极流向左边的负极，根据安培定则，它产生的磁场方向就是垂直于导线平面的逆时针方向，所以指南针红色的 N 极就会指向这个小磁场的方向。

这是通电直导线产生磁场的情况，而刚才在公园里智小博将铜线绕着螺栓缠成一个线圈后通电产生了磁力，那么通电线圈周围的磁场又是什么样的呢？

这就要说到通电螺线管中的安培定则了——用右手握住通电螺线管，让四指指向电流方向，那么大拇指所指的那一端就是通电螺线管的N极。

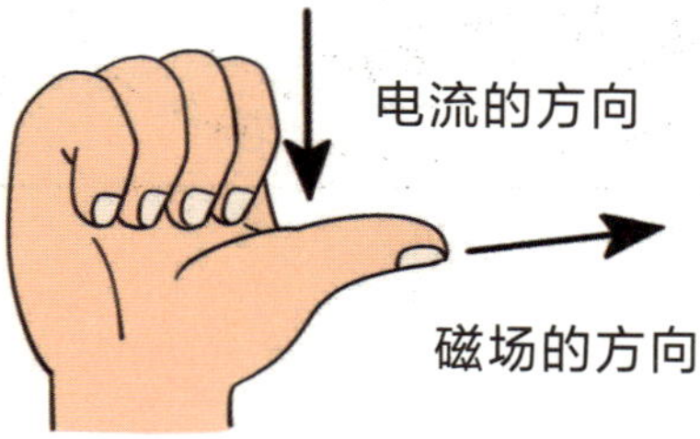

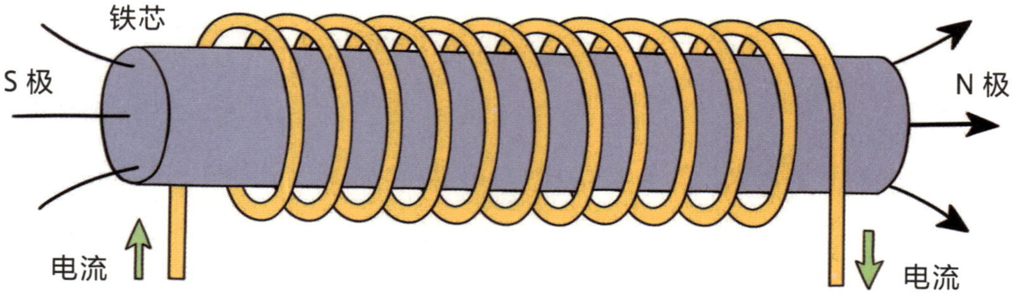

所以铜线所缠绕的螺栓在通电后就变成了一个磁铁，具有 N 极与 S 极，也就可以将无人机吸起来了，这其实就是电磁铁的制作原理。

这么看电磁铁做起来也不难。我要回去给咱们同学露一手！

电生磁现象的发现——
奥斯特的灵光乍现

19 世纪初，科学界普遍认为电与磁是两种独立现象。尽管一些科学家（如库仑）尝试寻找二者的联系，但均未成功。丹麦物理学家汉斯·奥斯特深受德国自然哲学影响，坚信自然界的各种力存在统一性，电、磁、光等现象可能存在内在关联。他长期探索电与磁的关系，却始终没有发现二者之间有效的关联。

直到 1820 年 4 月的一天，奥斯特在为学生做演示的过程中突然灵光一闪，他在伏打电堆（早期电池模型）两极之间连接了一根细细的铂丝，在铂丝旁放置了一枚小磁针，与以

往不同，这次他特意把小磁针与铂丝平行放置，然后接通电源，他惊奇地发现，小磁针竟然偏转了一下！这小小的偏转并没有引起现场学生的注意，却让奥斯特喜出望外——电和磁之间果然有联系！他多年苦苦探求的问题，终于迎来了希望的曙光。

在经过 3 个月的反复试验和 60 多次探索验证后，奥斯特终于确认了任何通电导线都可以在其周围产生磁场，且电流产生的磁场方向与导线中的电流方向并不一致。这就是他一直在寻找的电与磁的关系！

最终在 1820 年 7 月，奥斯特发表了论文《关于磁针上电流碰撞的实验》，以简洁精练的文字正式向全世界宣告了电流的磁效应。

奥斯特的实验结果震惊了科学界，进而引发了欧洲电磁学研究的热潮。如法国物理学家安培在 1820 年 9 月了解到奥斯特发现电流的磁效应后极为震动，开始集中精力研究电磁关系，他在第一时间重复了奥斯特的所有实验，并归纳总结出了安培定则，明确了电流的磁效应中电流方向和磁场方向的具体关系。之后他又进行了大量实验，制作电磁铁的线圈就是他在这个过程中发明的！他在这些实验的基础上提出了安培定律，进一步揭示了电流与磁场的关系。

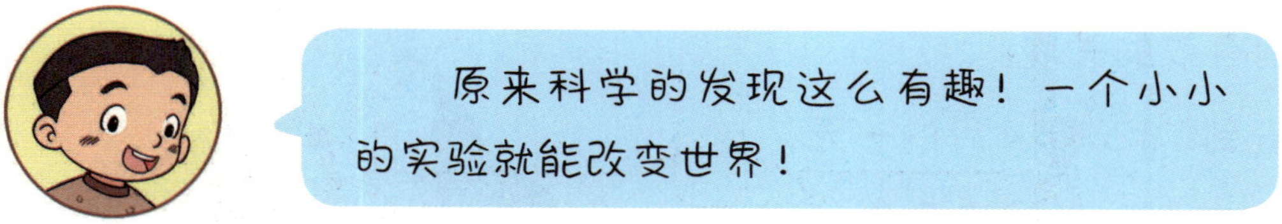

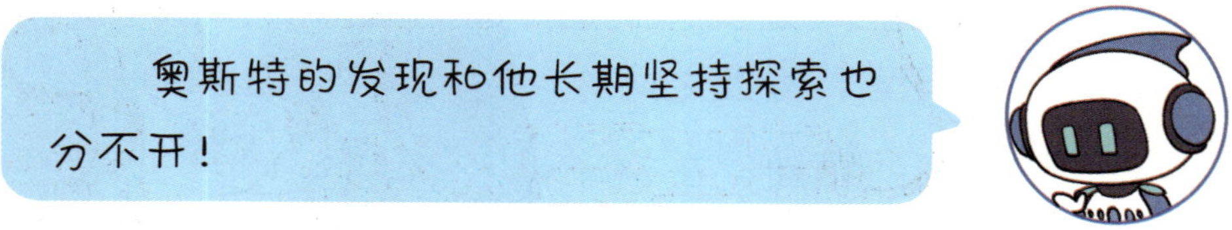

电生磁小实验

实验一：重现奥斯特实验

实验器材：电池 1 节、导线 2 根、小磁针 1 枚、支架 1 个、开关 1 个。

（1）将导线固定到支架上，两端分别连接到电池的正极和开关一端。断开开关，再将开关另一端与电池负极用剩下的一根导线相连，形成一个闭合电路。

（2）将小磁针平放在支架上的导线附近，确保磁针可以自由转动。

（3）观察磁针的方向（通常指向地理北方）。

（4）闭合开关，观察磁针的变化。

（5）断开开关，磁针是否恢复原方向?

（6）尝试改变电流方向，观察磁针偏转方向是否改变。

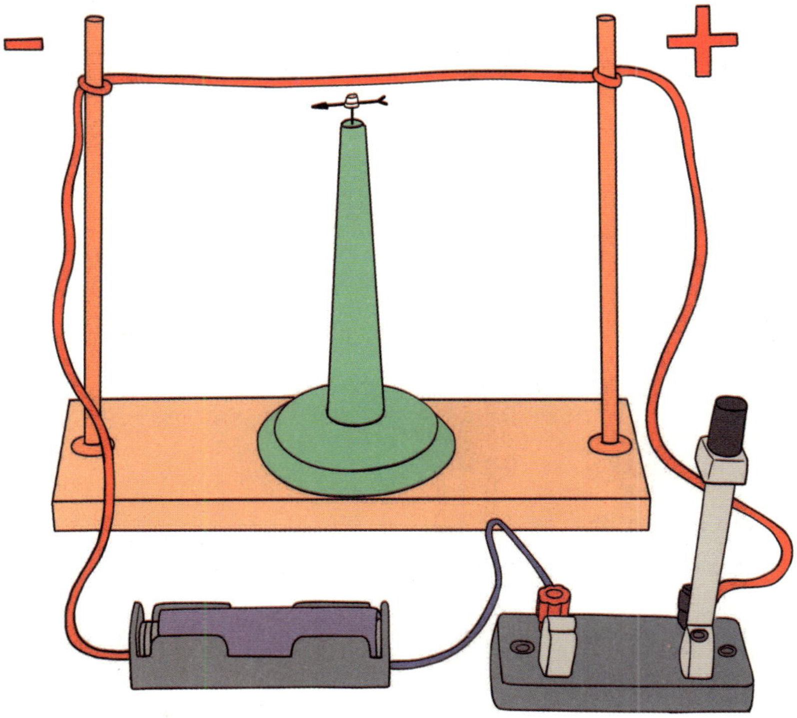

实验二：电磁弹射小车

实验器材：电池 1 节、导线 3 根、铜丝 1 根、四轮小车 1 个、磁铁 1 个、开关 1 个。

（1）将铜丝以顺时针方向绕在电池上，将电池取出，使铜丝整体呈圆柱体，并留出两端。

（2）将铜丝两端用导线连接到电池的正极和开关一端，断开开关，将开关另一端与电池负极用导线相连，形成一个闭合电路。

（3）将磁铁固定到四轮小车上，N 极朝后方。

（4）将磁铁 N 极对准铜丝线圈。

（5）闭合开关，观察小车运动情况。

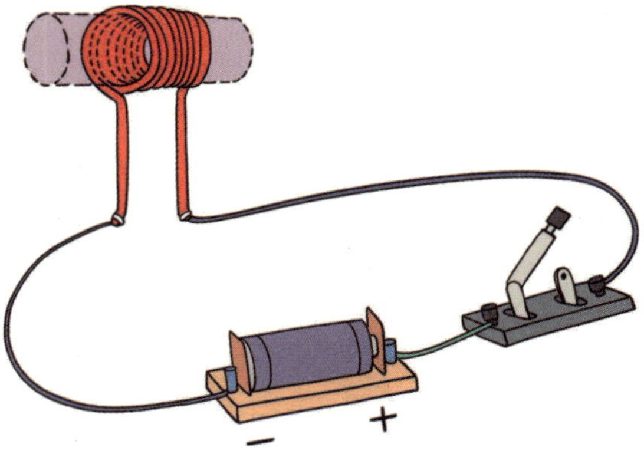

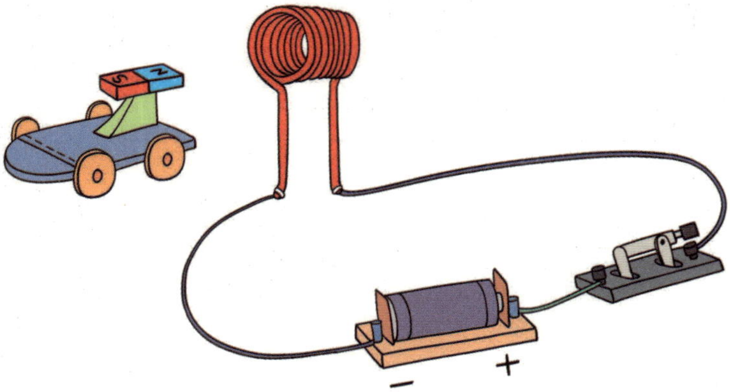

第2章

磁力线

告诉你们一个坏消息，这里一点信号都没有，导航也用不了。
在野外如果不能确定方位，很容易迷路的。
我们今天晚上不会要在这里过夜吧？
救命啊！
别喊了，我有个好主意。
我们可以通过观察年轮来辨别方向。
树木是向阳生长的，所以朝向南边的年轮会比较稀疏。
蜗牛壳上一圈一圈的纹路，也是年轮吗？
蜗牛壳的螺纹不是年轮，圈数和蜗牛的种类有关。
看我这儿有好多树枝。
树枝生长周期短，通常没有年轮，要树干上才有，而且掰下来也没法判断原来的方位了！
那岂不是得折断一整棵树才行。
快停下！

大家别慌！我来了！
智小博！
想要在野外找方向可以自制一个指南针。我这里有一块磁铁，谁有铁针？
我有！我有铁质发卡。
我们把发卡在磁铁的红色部分摩擦 30 下。
把树叶放到装有水的杯子里，使其飘在水面且可以自由转动，一个简易指南针就做好了。
然后别在树叶上。
N
完成啦！
我们走出来了！
智小博，你太厉害了！
还好不会错过晚饭！

为什么磁铁能让发卡指示方向？

“磁力线”这个展品的台面上有多层大小不一的透明亚克力罩，最中间摆放了一块方形磁铁，与外面的转盘通过连杆连接。每一层亚克力罩中都放置了很多夹有细铁丝的彩条。转动外面的转盘带动里面的磁铁，看看会发生什么？

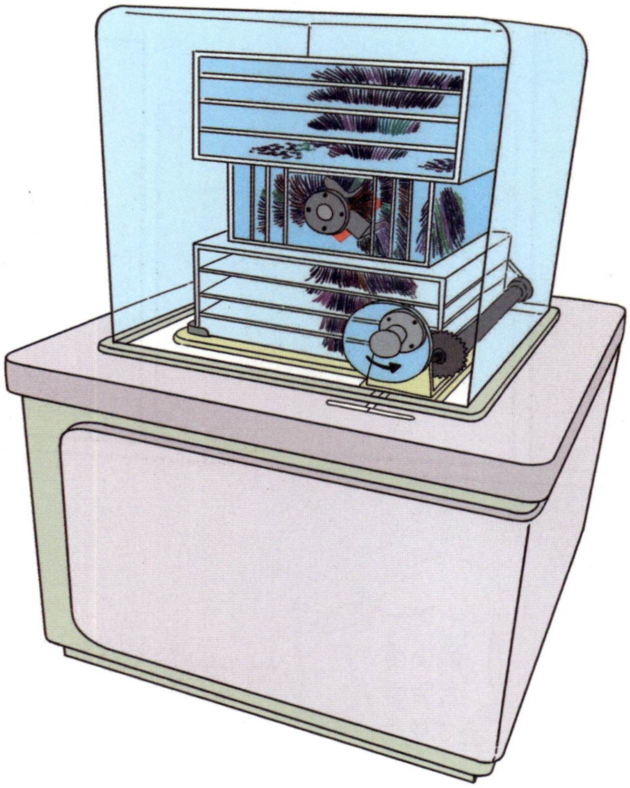

我发现磁铁转到左边蓝右边红时，上面和下面的彩条会紧贴在亚克力罩上，两边的彩条会立起来。磁铁转到下边蓝上边红时，上下的彩条会立起来，而两边的彩条则紧贴在亚克力罩上。

我看，一定是磁铁的原因，磁铁不动，彩条也不动。你们看，红色的上面有个“N”，蓝色的上面有个“S”，这又是什么意思呢？

为什么彩条会随着磁铁的转动发生变化呢？

磁铁是一种能吸引铁、钴、镍等金属的物体，它的核心能力是产生磁场，磁场是磁铁周围的隐形力量，可以对周围的物体施加磁力。

每块磁铁都有两个极——北极（N 极）和南极（S 极），这就是刚才皮皮所看到的。磁铁的两极具有同极相斥、异极相吸的特性。拿一根条形磁铁去吸引回形针，我们会发现磁铁的两端比中间能吸住更多回形针。这个现象说明，磁铁两端的磁力大，中间的磁力小，磁铁周围的磁场分布是不均匀的。为了形象描绘磁铁周围磁场的分布情况，物理学家迈克尔·法拉第在 19 世纪初提出了一种假想的曲线——磁感线，又称磁力线。

在刚才的展品里，磁铁呈一半蓝色一半红色，蓝色的是 S 极，红色的是 N 极。磁铁外部的磁感线始终从红色的 N 极出来，回到蓝色的 S 极，形成闭合曲线。N 极和 S 极的磁场最强，所以磁感线在这两处最密集且垂直于磁极表面；磁铁中间区域磁场较弱，磁感线也因此平滑过渡。

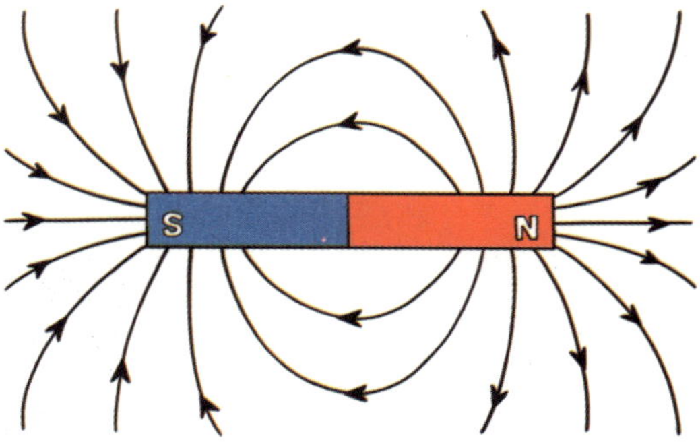

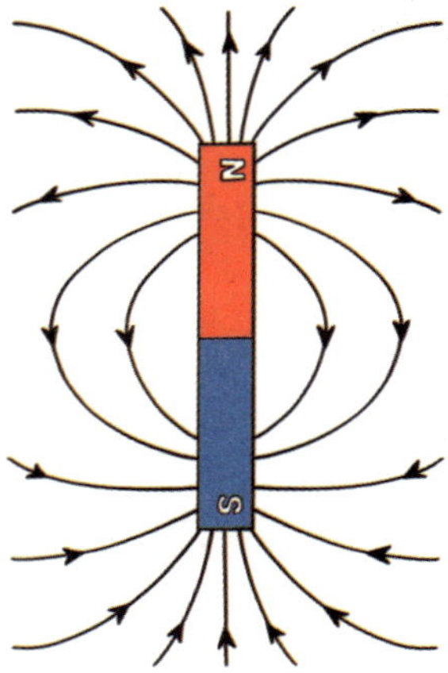

展品中彩条内铁丝因磁化成临时磁体，其两极受到旋转磁场的作用力，从而跟随磁铁转动，按照磁感线的方向排列成曲线。这就解释了刚才灵宝观察到的现象。

在森林里，用磁铁的 N 极摩擦发卡，使铁质发卡获得磁性，变成一个磁铁，这个过程叫磁化。根据磁化规则，用磁铁的某一极（如 N 极）摩擦铁质物体时，被摩擦的一端会获得与磁铁相反的极性（即 S 极，另一端则成为 N 极）。

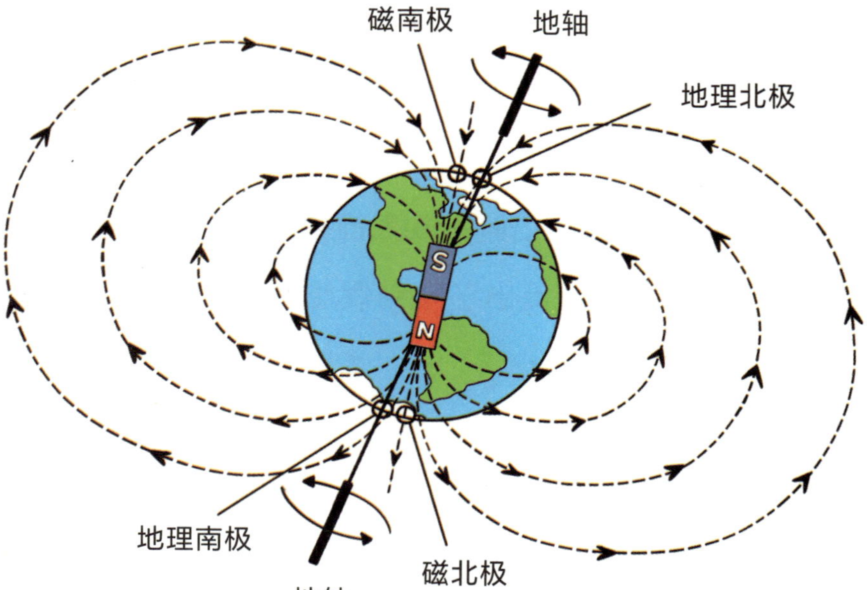

这个时候就要讲讲我们的地球了。地球也是一个巨型磁体，周围分布磁场，也有南北极。这里需要特别注意的是：磁南极（S 极）位于地理北极附近，磁北极（N 极）位于地理南极附近。

磁化的发卡作为小磁铁，可以利用地磁场的吸引力来指示南、北方向。因为磁铁同极相斥、异极相吸的特性，发卡摩擦端磁化为 S 极，会被磁北极（地理南极）吸引，从而指向地理南方，另一端（N 极）则指向地理北方。

听起来有点绕，不过这正是科学的魅力所在。

磁感线的发现——法拉第是怎么想的？

1820 年，丹麦物理学家奥斯特通过通电导线周围小磁针的转动，得出了电能生磁的结论，但是小磁针到底受到了怎样的影响呢？

法国物理学家安培认为：小磁针是在通电导线的引力和斥力的合力的作用下才运动的。

英国物理学家沃拉斯顿不赞同安培的观点。他认为电流周围有一圈圈圆形的磁流体，它们对磁铁或者磁针产生作用，形成一圈圈圆周力。

这种所谓的圆周力又是什么力呢？沃拉斯顿没有说清楚。但他的理论却得到了法拉第的赞同。那么，能不能用什么方法，在通电导线的周围显示出圆周力的存在呢？

脑洞大开的法拉第决定将圆周力的存在可视化。他想到法国物理学家阿拉果曾经做过的铁屑和通电导线的实验——好！那就用铁屑来做。

法拉第摆放好玻璃和导线位置，然后在玻璃上撒上铁屑，再轻轻敲动玻璃。果真，他看到铁屑在通电导线周围形成了很多铁屑圈。这些铁屑圈不正可以显示圆周力的作用，从而证明圆周力的存在吗？除了通电导线，铁屑在磁棒周围又会形成怎样的图形呢？法拉第一发不可收拾，他用磁棒和铁屑做了很多实验，得到了更加多样的铁屑曲线图。这些铁屑在磁棒的作用下排列成曲线，法拉第由此提出了磁曲线的概念，磁棒对这些铁屑的作用力则被称为磁力。

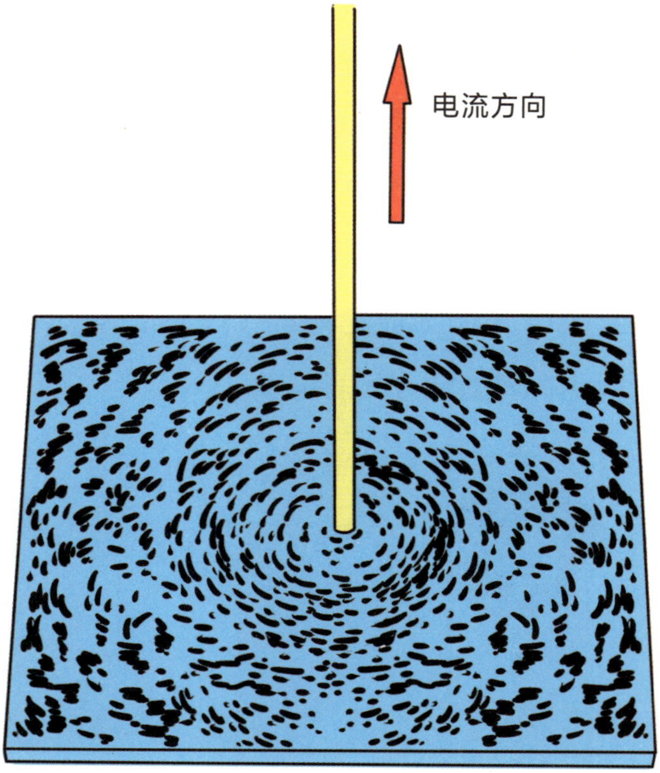

那么，磁曲线和磁力之间是什么关系呢？

随着研究不断深入，法拉第发现，磁力的作用是沿着磁曲线从磁棒传播开去的，磁曲线是磁力作用的曲线。但他逐渐觉得磁曲线的称呼并不能显示出这个曲线的本质，于是他借用了一个传统的词语“力线”来表示，将其称为磁力线，也就是现在我们所说的磁感线。

磁铁小实验

实验一：发现磁感线

实验器材：铁屑 1 袋、条形磁铁 1 根、马蹄形磁铁 1 个、浅色本子（略厚于磁铁）2 本、双面胶 1 卷。

（1）用双面胶将条形磁铁固定于本子下方，并平放于桌面。

（2）在本子上均匀撒上铁屑并轻轻晃动，观察其分布形状。

（3）重复前面两个步骤，但将条形磁铁换成马蹄形磁铁，观察铁屑的分布形状。

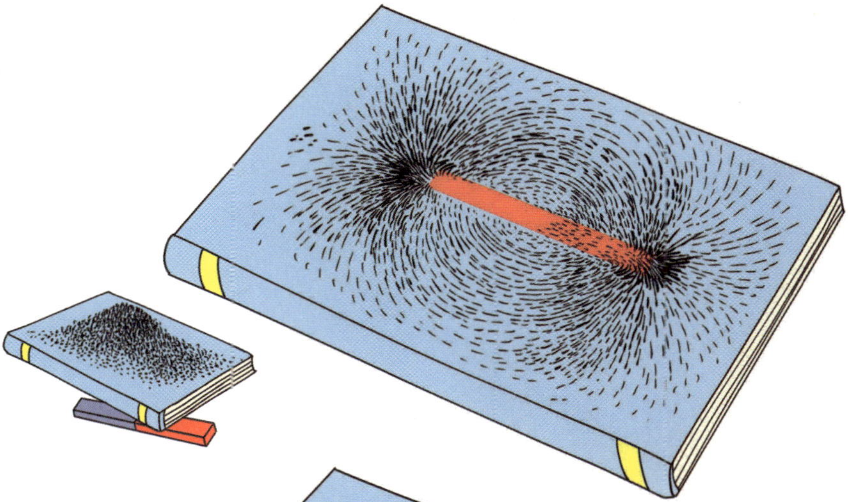

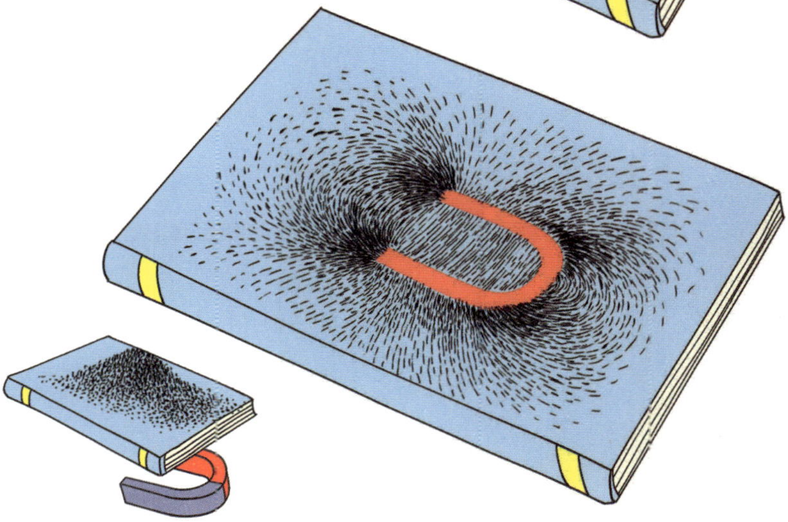

实验二：铅笔陀螺

实验器材：砝码 1 个、磁铁片 1 对、圆柱形磁铁 1 对、5 号电池 3 个、玻璃瓶 1 个、铅笔 1 支、木片 1 块、镜子 1 面、双面胶 1 卷。

（1）首先将 1 对圆柱形磁铁粘在铅笔底部（注意要将铅笔的另一头削尖）。

（2）将 3 节 5 号电池负极粘在靠近笔尖的一端，正极朝外，角度大致相等。

（3）将木片一端上下两面用磁铁片对吸（注意朝下的磁极应与铅笔底部的磁极相异，以便产生吸力），并用砝码将木片压在玻璃瓶瓶口。

（4）将铅笔放在粘于木片的磁铁下方，使其垂直于正下方的镜面。

（5）轻轻转动铅笔后松手，你会发现铅笔没有倒下，而是像陀螺一样旋转了起来。

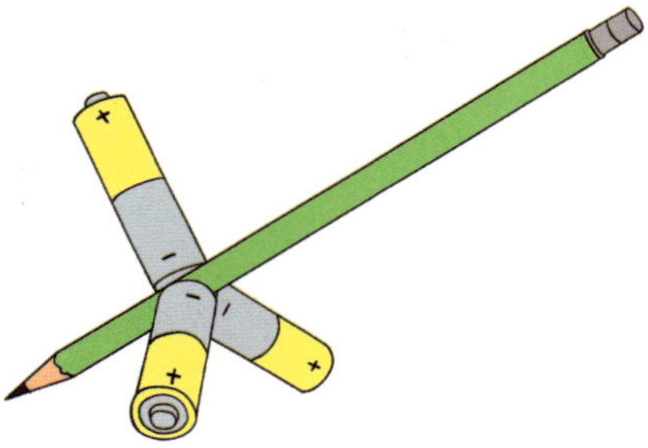

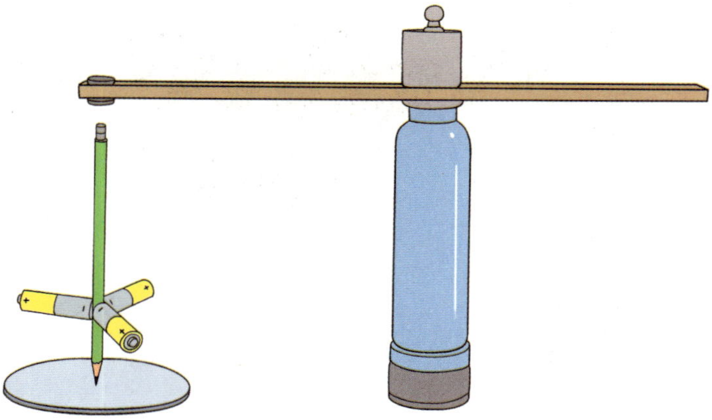

第3章

跳跃环

大反派
我刚刚购买了一种装有定位追踪系统的捕捉网，凡是靠近宅子的移动物体都会被网住，看你们这些特工怎么抓我！
皮皮，你已经被定位了，快离开这个院子！
这可不好办了，我们根本无法靠近！
或许可以试试用其他物体吸引捕捉网的追踪？
你有什么好主意？
我这儿有一个装置，通电后金属环就会快速弹射出去。之前觉得没用，现在倒可以试试。

几个破金属环在
我的新科技面前
是没用的！
重要提示
尊敬的客户，您所购买的捕捉
网试用版仅剩一次使用机会，
如需继续使用请及时续费……
他这个网只能用一次
啦！你们快再发射一
个金属环过来！
想得美！我这就
去拿手机续费！
检测到移动物体，已
定位并发射捕捉网。
糟糕！忘记关闭系统
了！不要追我呀！
你这还真是自
投罗网。
不过，灵宝，你那
个金属环到底是什
么秘密武器？

灵宝的秘密武器是什么？

答案就在湖北省科技馆“数理世界”展厅里，一起来看看吧！

在“跳跃环”展品的展区，我们会看到一组被透明亚克力罩罩起来的大型铜线圈，线圈中间是一根高大的金属杆，底端有一个金属环套在上面，杆的顶端则是一个铃铛。展台上有一个计数屏和一个启动按钮，按下启动按钮，看看会发生什么？

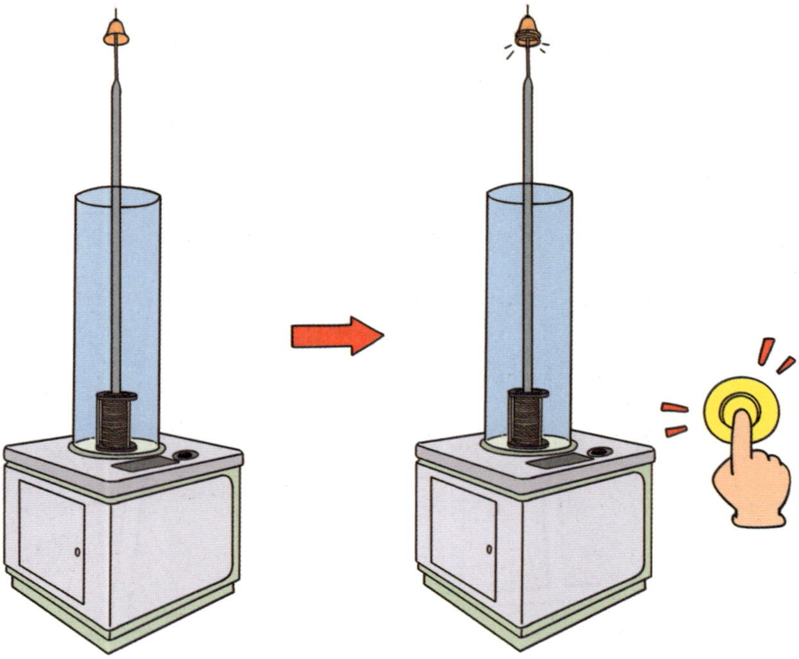

金属环跳起来了！跳得好高，都敲到顶端的铃铛了！

按下启动按钮就是给铜线圈通电了，铜线圈通电后会产生一个磁场，莫非金属环是受到了磁力影响才跳这么高的？可它又不是磁铁，是怎么产生作用的呢？

为什么金属环能弹射起来？

我们已经知道铜线圈通电后会产生一个磁场，成为一块电磁铁；我们还知道磁铁具有同极相斥、异极相吸的特性。而金属环之所以会弹那么高，是因为它也变成了一块磁铁，且磁场方向与铜线圈的相反，在同极相斥的力的影响下，它就会弹射起来。

金属环也变成了磁铁，是因为它的内部产生了电流，这就不得不提到电磁感应原理了。电磁感应原理是指当穿过闭合回路的磁通量发生变化时，会在回路中产生感应电动势，从而驱动产生感应电流。这里的磁通量我们可以粗略理解为磁感线的数量。当展台上的铜线圈通电产生磁场时，闭合的金属环中的磁感线突然由零变多，所以在环中产生了一股感应电流。感应电流的方向则由另一个定律——楞次定律——来判断。感应电流的磁场总要阻碍引起感应电流的磁通量的变化，所以金属环内感应电流产生的磁场方向要与铜线圈产生的磁场方向相反，才能抵消通过金属环增多的磁感线数量。这样一来，金

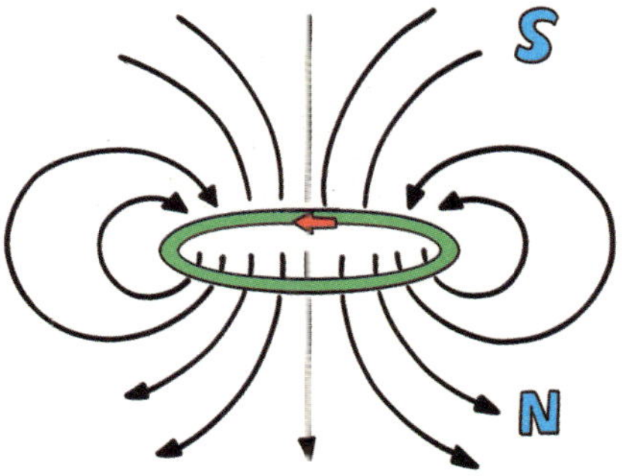

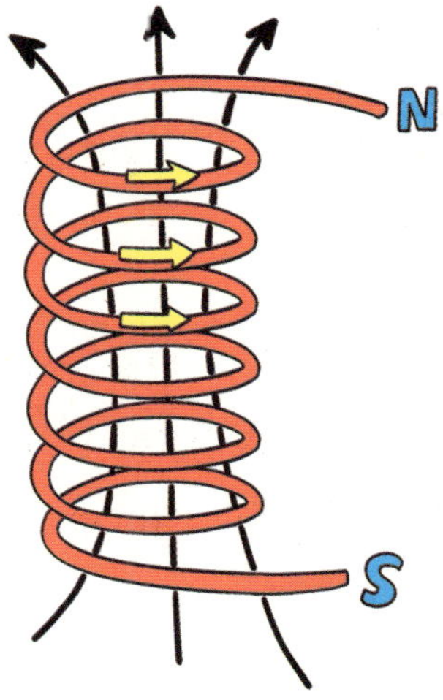

属环就变成了一个与铜线圈同极相斥的电磁铁，靠两者间的斥力弹射起来。

法拉第的坚持——电与磁的相互转换

自 1820 年丹麦物理学家奥斯特得出了电能生磁的结论后，许多科学家投入到电磁现象的研究中来，英国科学家法拉第作为一家科学期刊的评审在收到大量描述电磁效应现象和实验的文章后，开始系统地研究电磁现象。

法拉第相信自然界的对称性，他认为既然电流能产生磁场，那磁场必然也可以产生电流。他在这个方向进行了大量实验，起初他也简单地认为将磁力强大的磁铁或者通有强大电流的导线放置在其他导线旁，导线中就会产生电流，但尝试了多次，均以失败告终。

就这样经历了约 10 年的辛苦探索后，法拉第终于在 1831 年 8 月迎来了突破性发现。他在一次实验中将两根绝缘导线分别缠绕在粗铁环的左右两端，左端的导线连接电池和开关，通电后在铁环内产生强磁场；右端的导线连接电流计，以观察导线内是否有电流通过。当他闭合左端开关的时候，右端电流计的指针偏转了一下，这说明该电路中有感应电流！反复试了几次后，他发现只有在左端线圈接通或断开电流时可以观察到电流计的指针有偏转；而当流过左端线圈的电流稳定时，电流计的指针则不偏转。换句话说，只有当电流变化时，旁边的线圈才会感应到电流。至此，法拉第发现了电磁感应原理。

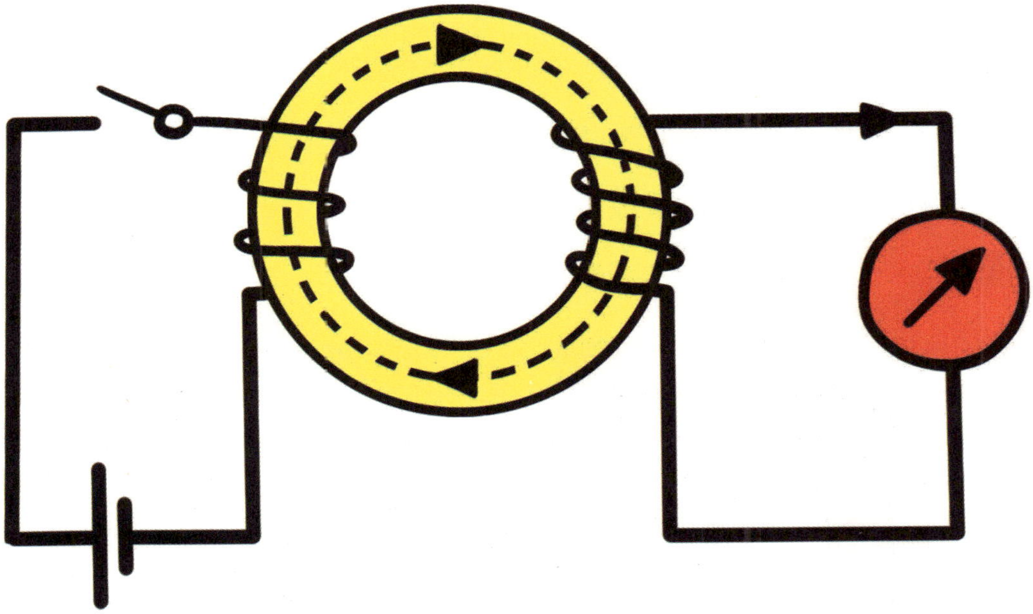

在此后几个月，法拉第又一鼓作气做了几个实验来反复验证电磁感应原理。

他首先进行了一个至今仍然经典的实验：向一个连接有电流计的螺线管中插入、拔出条形磁铁，并观察在线圈中是否产生了电流。

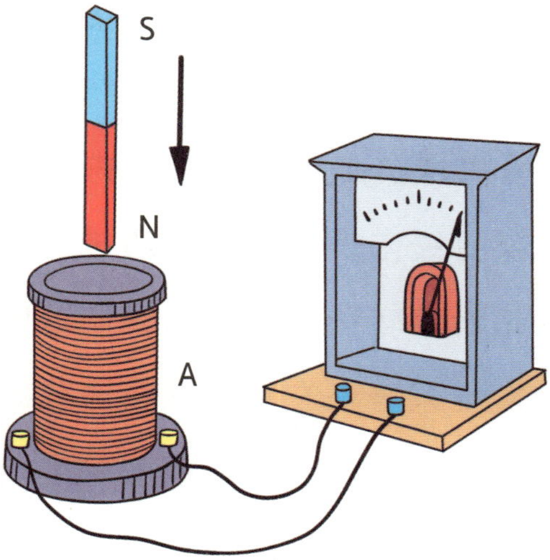

插入磁铁

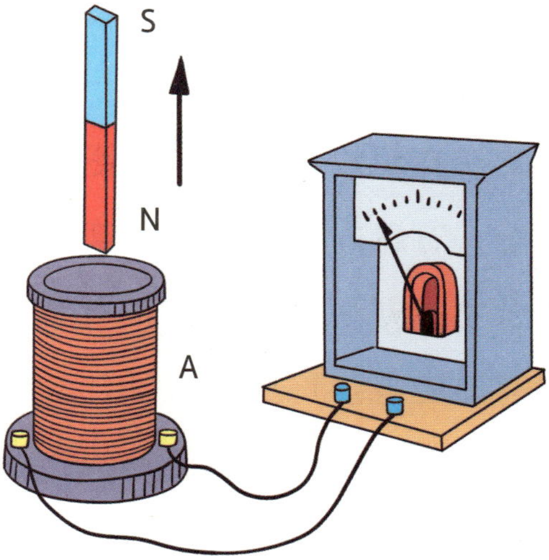

拔出磁铁

1831 年 10 月 28 日，法拉第发现铜导线直接在磁铁两极之间切割磁感线运动时就可以产生电流。

1831 年 12 月，法拉第在伦敦皇家学会做了一个著名的实验，证明了在大马蹄形磁铁的磁极之间旋转一个铜圆盘时，可以产生持续电流。铜圆盘的中心轴和边缘与电流计滑动接触，铜圆盘旋转时，指针偏转。

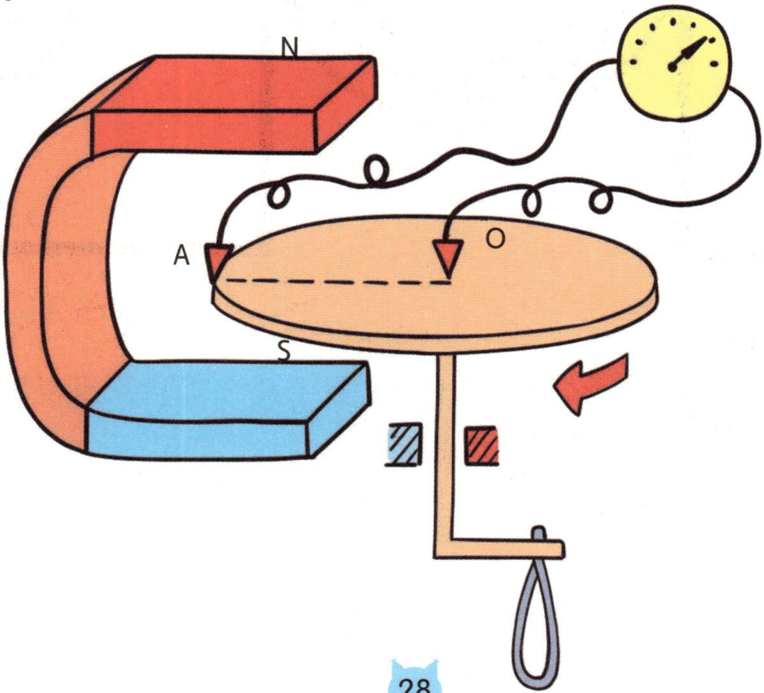

就这样，法拉第靠着大量实验证明了他发现的电磁感应原理的普遍有效性。

在其后的 1834 年，俄罗斯物理学家楞次在法拉第研究的基础上探索出磁场变化产生感应电流的方向规则——楞次定律，进一步丰富了电磁感应原理的内容。

电磁感应小实验

实验一：简易线圈发电

实验器材：磁铁 1 块（强磁铁效果更好）、铜线圈（可用漆包线绕成）1 卷、LED 灯 1 个、导线若干。

（1）将铜线圈用导线连接至 LED 灯。

（2）快速将磁铁插入线圈内部，观察 LED 灯的发光情况。

（3）再将磁铁从线圈中快速抽出，观察 LED 灯的发光情况。

（4）尝试改变磁铁插入、抽出的速度，对比 LED 灯发光变化，你会发现磁铁运动速度越快，感应电流越强，LED 灯也会因此常亮。

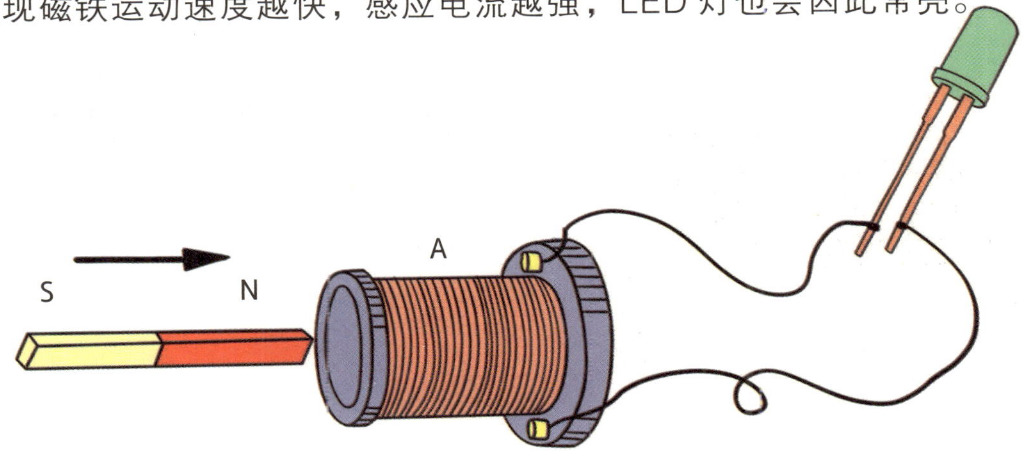

实验二：无线输电

实验器材：独立铜线圈 2 个（可用铜线绕成直径相近的环）、电池 1 节、LED 灯 1 个、导线若干。

（1）将电池用导线连接至一个铜线圈上（发射线圈）。

（2）将另一个铜线圈（接收线圈）用导线连接至 LED 灯。

（3）将两个线圈平行靠近（间距 1~5cm），观察 LED 灯是否会发光。

（4）调整线圈间距和角度，优化 LED 灯的亮度。

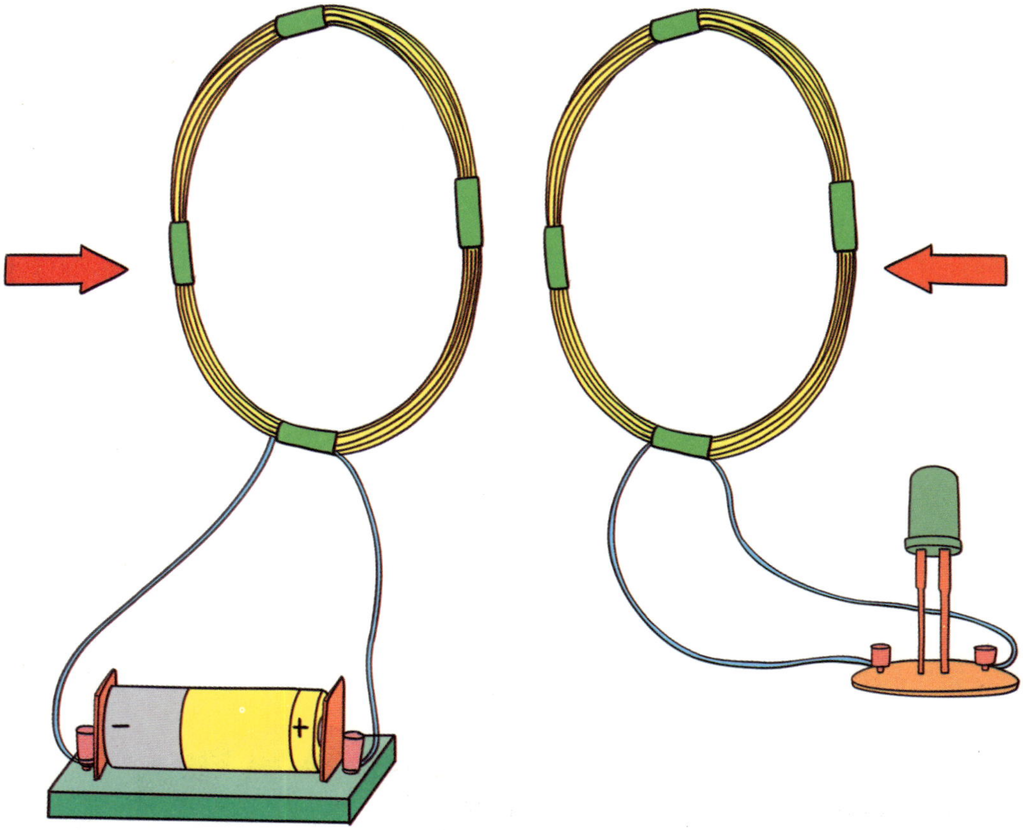

第4章

发电机与电动机

啊！电扇没电了！
非要装科技达人，还不如像我这样自力更生！
阿豆，电扇给我看看！
居然能手摇发电？真有意思！

还我！我自己摇！
这下好了，变成一堆破铜烂铁了。
这是磁铁？
这些线圈根本不知道怎么接。
装不回去了！我的限量版电扇啊！
需要场外求助吗？这堆“破铜烂铁”藏着电动机和发电机的终极秘密哦！

限量版电扇背后的终极秘密是什么？

阿豆这个电扇同时拥有发电机和电动机，那么发电机和电动机又是什么呢？让我们去湖北省科技馆“数理世界”展厅寻找答案吧！

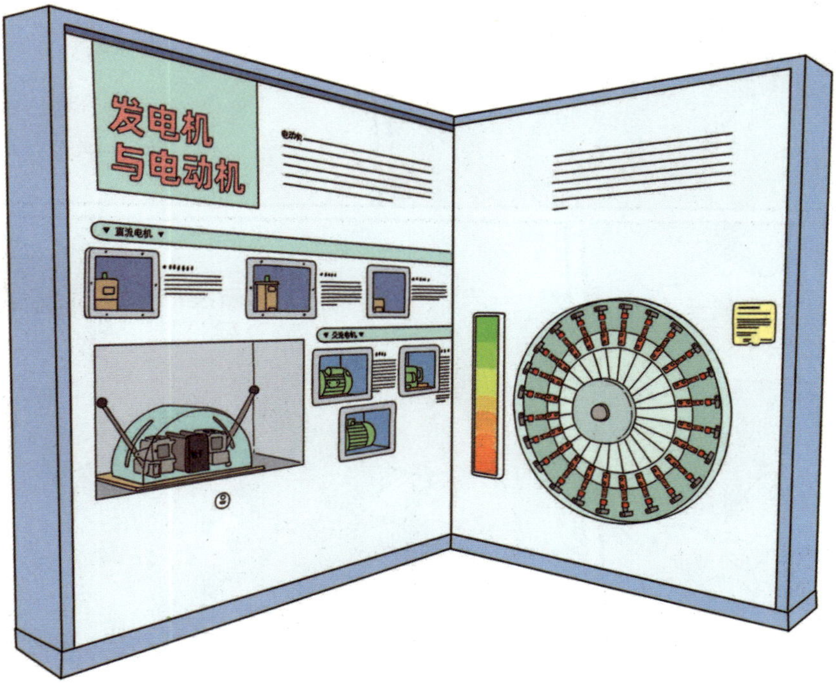

在“发电机与电动机”展品的展区，我们会看到两面展墙。

左边这面墙摆放着各种电动机，它们都是把电能转换成机械能的设备。下方展示了一台电动机的内部结构，中间是转子，由绕在铁芯上的线圈做成，两边分别装有固定的环状永磁铁。按下启动按钮接入电源，用手推动两个电极，将磁铁靠近中间的转子，就能让转子动起来。

另一面墙展示的则是发电机，展墙上均匀分布着很多磁铁，在磁铁的外围又分布着若干个闭合线圈，每个闭合线圈都连接着一个小灯泡。当我们转动手轮时会发现，最外围的小灯泡亮了，旁边的彩虹灯也慢慢被点亮。

当我们按下电动机按钮并移动两个电极时，转子会飞速旋转；转动手摇发电机时，小灯泡会亮起——这些现象的背后是电与磁相互转化的科学原理在发挥作月。

为什么电与磁会相互转化？

电生磁

1820 年，丹麦科学家奥斯特发现：通电导线会使附近的指南针偏转，这证明电流能产生磁场，即电流磁效应。电动机正是利用这一原理设计的：当电流通过线圈时，线圈周围会形成环形磁场。

电动机内部通常由转动的线圈（电磁铁）和固定的永磁体构成。通电后，线圈磁场与永磁体磁场相互作用，推动线圈旋转。在电动机的展品中，两个磁铁靠近时，就与线圈产生的磁场发生了相吸相斥的作用，转子受力之后就转起来了。为了让转动持续，电动机一般装有一种带金属片的旋转开关——换向器，它能在线圈每转半圈时自动切换电流方向，使磁极间的推力方向始终一致。

比如，电扇工作时，电能通过线圈转化为磁场能，再通过磁力作用转化为扇叶的动能。

磁生电

1831 年，英国科学家法拉第通过实验发现：当闭合线圈所处的磁场发生变化时，线圈中会产生电流，这一现象被称为电磁感应。以发电机为例，其核心是旋转的磁铁和环绕的线圈。当磁铁转动时，穿过线圈的磁感线数量不断变化，即磁场变化，这会在线圈中激发感应电动势，可理解为电子流动的驱动力。若线圈形成闭合回路，自由电子就会定向移动形成电流。

因此，产生电流需要满足两个条件：①磁场必须变化（通过移动磁铁、改变磁场强度或方向）；②电路必须闭合。若磁铁与线圈静止不动，电流就会消失。

手摇发电机能让灯泡亮起来，就是因为磁铁转动时线圈会做切割磁感线的运动，从而产生感应电流。

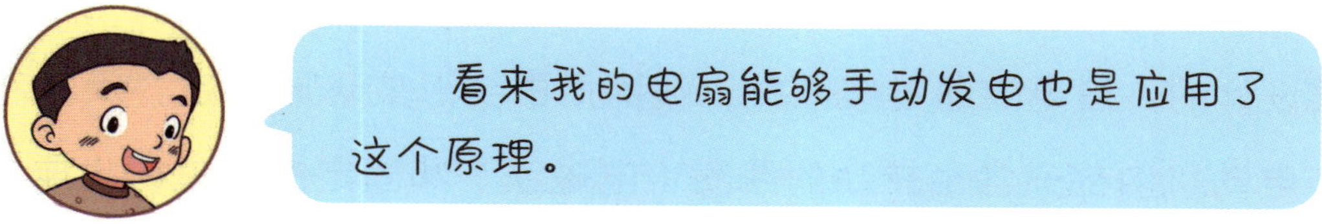

电动汽车里的电磁能量密码

19世纪，科学家发现电和磁像一对双胞胎：电流能产生磁场，磁场变化也能“变”出电流。电与磁的互动开始出现于各类发明创造中，在1834年，美国人托马斯·达文波特用电池和线圈造出第一辆电动汽车，虽然它慢得像乌龟，却揭开了电磁驱动的序幕。那时电动汽车的电池像笨重的铁盒子，直到铅酸电池出现，电动汽车才在19世纪末短暂流行。可惜石油时代来临，电动汽车暂时谢幕。

现在，电动汽车在街头巷尾随处可见，现代电动汽车的“心脏”是电池，“肌肉”是电动机。当你充电时，电能像小溪流进电池这个“水库”；踩下油门，电池释放电能，电流通过电动机的线圈，产生强大的磁场，磁场像一双无形的手，推动电动机的转子旋转，再通过齿轮带动车轮，让车奔跑起来。最神奇的是刹车时，电动机反向运转，摇身一变成为发电机，把车轮的动能变回电能存进电池——这就是“再生制动”技术，相关报告指出其能量回收效率可达 15%~30%。

如今的电动汽车也不再笨重，特斯拉用轻巧的锂电池替代铅酸电池，让续航里程从 100 千米飞跃到 500 千米，电动机爆发的电磁力甚至能让跑车 3 秒加速到百千米每小时。比亚迪则把电池做成薄薄的“刀片”，既安全又能像积木一样组合。电动汽车也不仅是交通工具，更是智能能量管家。它们能自动规划充电路线，用无线充电“隔空取电”，还能通过电磁传感器与周围车辆“对话”。或许未来我们不再需要司机，超级电容器能让充电像加油一样快，而科学家也许能探索出更高效的材料制造电动机，让能量转化损耗更低！

电磁转换小实验

实验一：跳“芭蕾舞”的铜线

实验材料：铜线 1 根、钕磁铁 1 个、电池 1 节。

（1）将钕磁铁吸在电池底部（负极）。

（2）将铜线绕成和电池差不多高、比电池直径略宽的线圈，套在电池外。

（3）将电池底部铜线绕成圆环套在钕磁铁外，与钕磁铁保持接触。

（4）将电池顶端的铜线向下弯折，使其与电池正极接触。

（5）松开手，观察线圈是否快速旋转了起来？

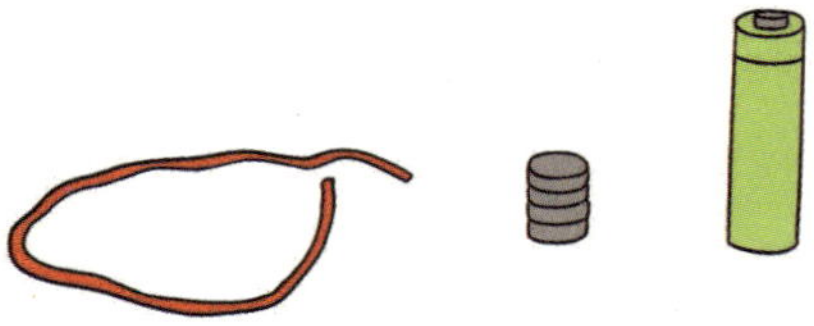

实验二：手摇发电机

实验材料：磁铁 1 块、塑料管 1 根、漆包线 1 捆、磨砂纸 1 张、LED 灯 1 个、橡皮筋 2 根、橡皮泥 2 块。

（1）将漆包线缠绕在塑料管上，并用橡皮筋固定住。

（2）将漆包线的两端暴露出来，用磨砂纸去除末端的绝缘漆。

（3）将 LED 灯的两极分别连接到漆包线裸露的两端。

（4）将磁铁放入塑料管内部，用橡皮泥密封塑料管两端。

（5）摇晃塑料管，让磁铁在管内迅速穿梭，LED 灯将会随着晃动而亮起。

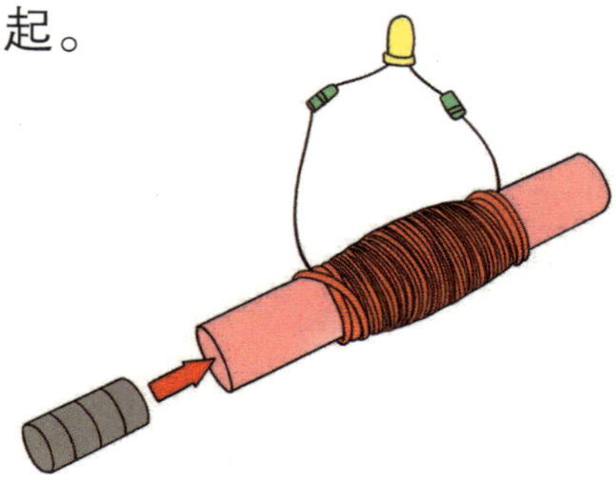

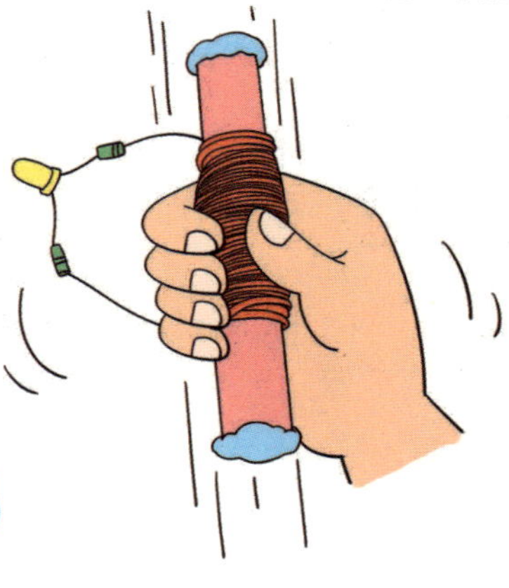

第5章

磁悬浮灯泡

指示灯出故障了，到底哪边是 8 号站台啊？
肯定是这边，那边都没有铁轨。
有道理，那我们在你那边排队吧。
怎么大家都在那边等？
我们是不是弄错了？
没有铁轨，列车还能飞进来不成？
各位旅客，您好！前往 B 市的磁悬浮列车 X888 号已到站……
X888

会飞的列车我还是第一次坐，先上去再说！
怕啥，稳得很！
皮皮，你动作小点！我们现在可是悬在空中。
400km/h
你们快坐下来，快开车了。
这车也太快了！真酷！
地球对万物都有引力，这辆车是怎么克服引力悬在空中的呢？
不仅悬在空中，还能跑呢！
听上去不太安全的样子，我只想快点到站！

为什么列车能悬浮起来？

皮皮三人乘坐的列车与普通火车不同，它叫磁悬浮列车，是一种靠磁力推动的列车。要想知道它为什么能悬浮在空中，可以从湖北省科技馆“数理世界”展厅的“磁悬浮灯泡”展品入手！

展台上放置了一个超大的灯泡，通过观察我们可以看到灯泡是悬浮在空中的。这是因为灯泡的顶部藏着一块磁铁，而它上方的支架里则安装了一块电磁铁。当电磁铁通电后，会产生强大的磁场，通过精密调节电流，电磁铁对灯泡里磁铁的吸引力会与灯泡自身的重力“势均力敌”，灯泡就能稳稳地悬浮在空中了。磁悬浮列车也是运用了这个原理。按下启动按钮，灯泡竟然还能被隔空点亮。

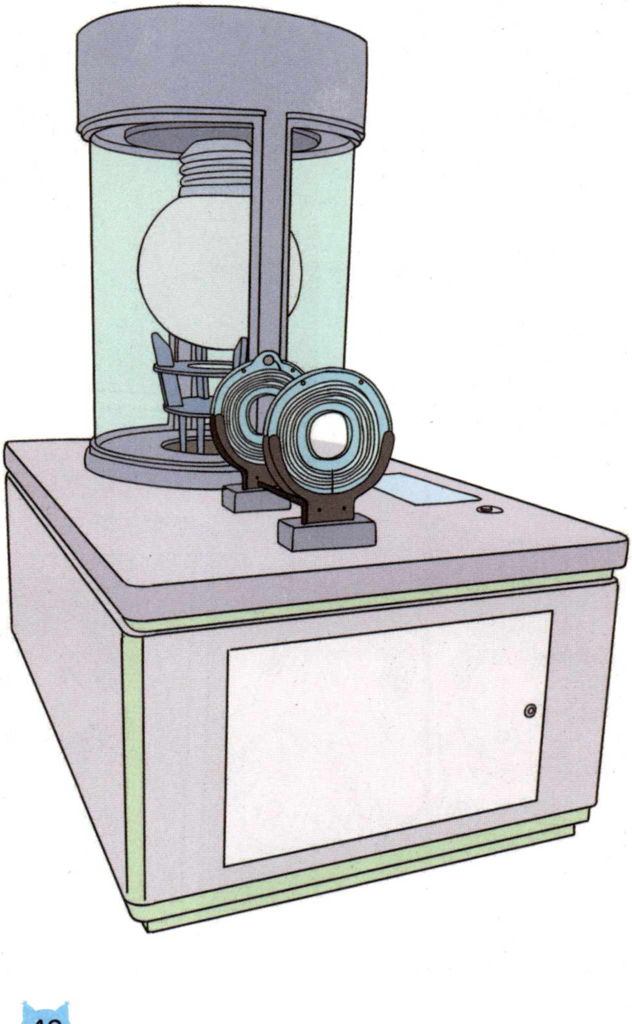

在磁悬浮灯泡的一旁，有两个透明圆盘，圆盘的中间装有铜质线圈，外侧圆盘被固定在展台上，内侧圆盘可以横向移动，按下启动按钮，试着移动圆盘，看看会发生什么？

为什么灯泡可以被隔空点亮？

这个看似神奇的现象，其实正是电磁感应定律在施展它的科学魅力。内侧的移动圆盘内部线圈没有通电，但外侧固定圆盘内的线圈启动后会通入方向快速变换的交流电，这种电流每秒要改变 50~100 次方向，让线圈周围产生波动的磁场。当移动线圈进入这个磁场范围时，闭合的线圈回路中就会产生感应电流，这正是点亮灯泡的能量来源！

这个现象在 1831 年由法拉第发现，他通过实验证明：只有不断变化的磁场才能激发电流；如果改用方向不变的直流电，就再也激不起任何“能量浪花”。

“磁悬浮灯泡”也运用了这个原理。在灯泡下方的底座里藏着发射线圈，按下启动按钮后，就能给发射线圈提供交流电，会形成很强

的交变磁场。悬浮在空中的灯泡内部装有接收线圈，能捕获下方提供的磁场能量，再通过转换装置将交流电变为直流电，从而点亮灯泡。

这项看似神奇的技术，其实早已融入我们的生活，比如使用手机的无线充电功能时，手机和无线充电板之间就进行着“磁场对话”，我们要做的就是将手机对准线圈位置，让它能精确汲取能量。

磁悬浮技术：从数学定理到空中飞车

磁悬浮的奇幻旅程，其实始于一道困扰科学家百年的难题。早在1842年，英国物理学家塞缪尔·恩肖就提出了磁悬浮概念，并得出了“仅靠静态磁场无法在所有自由度上实现稳定悬浮”的结论，这个结论被称为恩肖定理。

此后，科学家们一直在尝试绕开该定理的限制。1922年，德国工程师赫尔曼·肯佩尔想到一个妙招：用可以实时调节的电磁铁代替永磁体。他在实验中发现，当给线圈通电产生磁场时，如果配合传感器和控制系统快速调整电流，就能抵消物体偏移的趋势。这如同用数百只隐形的手随时扶正摇晃的积木塔。1934 年，肯佩尔成功申请磁悬浮列车专利。

1957 年，科学家发现某些金属在接近绝对零度时进入超导态，展现出零电阻和完全抗磁性，其产生的磁场强度可达普通电磁铁的 10 倍。日本工程师率先将这一发现应用于轨道交通，发明了低温超导磁悬浮列车，但日本的低温超导磁悬浮列车需要达到每小时 100 千米的初始速度才能实现悬浮，在此之前，需要辅助轮帮助列车在导轨上运行。

而我国研制的高温超导磁悬浮技术采用液氮冷却超导体，其超导性能良好。利用高温超导体的“钉扎效应”，可以使超导体随外磁场变化感应出与外磁场相排斥的超导强电流，超导电流再与外磁场相互作用，就能够产生悬浮力，从而实现列车的自悬浮与导向。

如今的磁悬浮技术早已超越交通领域——医院里的磁悬浮人工心脏因能减少磨损而延长使用寿命；半导体工厂的磁悬浮机械臂，搬运芯片时误差小于 0.1 微米。科学的魅力就是创造无限可能，或许有一天我们也能悬浮在空中自由移动！

连重力都能克服，磁悬浮技术简直奥妙无穷！

接下来，一起用几个小实验施展磁悬浮“魔法”吧！

磁悬浮小实验

实验一：自动“驾驶”的电池

实验器材：铜管 1 根、电池 1 节、圆柱形磁铁 2 枚。

（1）将电池从铜管的一头推入，观察它能到达铜管的另一头吗？

（2）将圆柱形磁铁吸在电池的两头，再次放入铜管，用相同的力量推入，观察它能到达铜管的另一头吗？

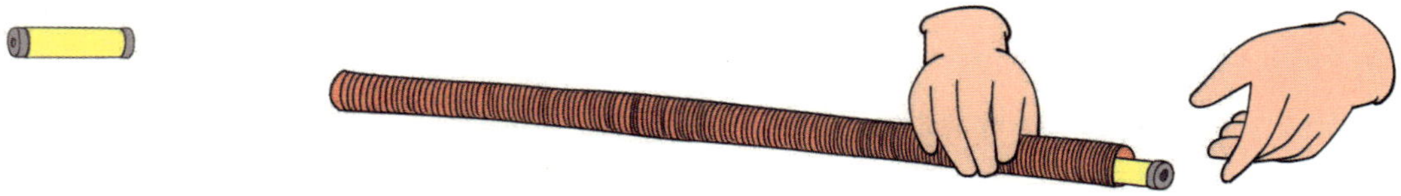

实验二：悬浮的笔芯

实验器材：泡沫板 1 个、笔芯 1 根、环形磁铁 6 枚、垫圈若干、亚克力板 1 块。

（1）在泡沫板上插入 4 枚环形磁铁以及亚克力板（插入的磁铁磁极要保持在同一方向）。

（2）将剩余 2 枚磁铁穿在笔芯上，用垫圈固定（磁铁磁极方向与泡沫板中的磁铁一致）。

（3）把笔芯放在泡沫板上方，笔尖顶住亚克力板，耐心调试，找到可以让其悬浮的位置。

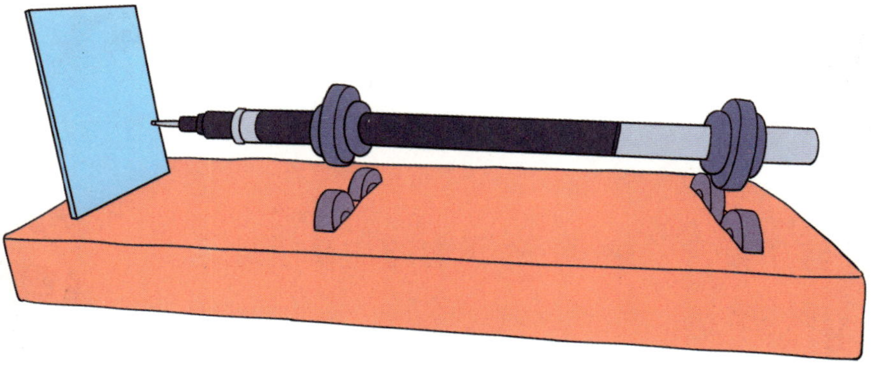

第6章

涡流

距离飞机起飞只剩 40 分钟了。
都怪阿豆起晚了，害我一大早在这儿练冲刺跑。
怎么能怪我呢？要怪只能怪昨天晚上的音乐会太好看，导致我激动得失眠……
快把行李都放在篮子里，过了安检再走一小段就到登机口了。
嘀嘀
咦？这门怎么叫起来了？
请检查身上是否有金属物品。
抱歉抱歉，忘记口袋里有钥匙了。
嘀嘀

皮皮，你就不能一次性把东西都掏出来吗？
可这回真的什么都没有了啊……
要不让我先过吧。
尊敬的旅客朋友，您乘坐的 KEXUE1320 航班即将起飞，请尚未登机的旅客尽快到登机口办理登机手续……
哎呀，飞机要起飞了！
这要是误机了可不能怪我。
我知道了！是我昨天别在胸前的音乐会纪念徽章！
快，还来得及。
没想到安检门这么灵敏，连一个小小的金属徽章都不放过！
这都多亏了涡流。
灵宝，你刚才说那个安检门里有蜗牛？
我说的是涡流！等会儿去湖北省科技馆你就知道了！

“看见”涡流

湖北省科技馆“数理世界”展厅里就有一件名为“涡流”的展品，可以让大家更直观地感受涡流的存在。

这件展品分为两个部分。

一边是 5 根圆柱筒，每根圆柱筒里间隔放有很多圆形磁铁，圆柱筒外套着金属管。仔细观察，圆柱筒 A 内的磁铁数量少一些，外部套有铝管；圆柱筒 B 内磁铁数量多一些，外部同样套有铝管。将两根圆柱筒外的铝管举到同一高度后一起放下，我们就会发现圆柱筒 A 上的铝管下降速度比圆柱筒 B 上的铝管要快。试着对圆柱筒 B 和圆柱筒 C 外面的金属管进行同样的操作，虽然其内部磁铁数量相同，但这时圆柱筒 B 外的金属管下降速度又比圆柱筒 C 外的要快一些，这是因

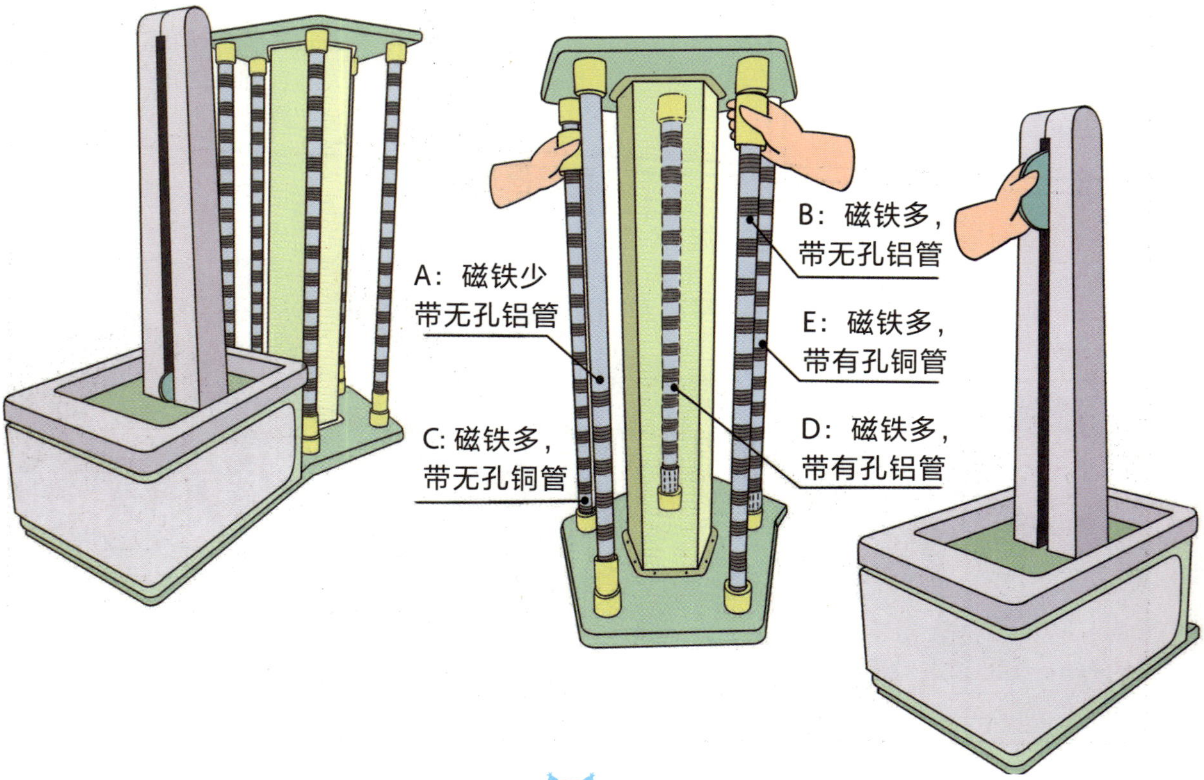

为金属管的材质不一样——圆柱筒 C 外的金属管是铜质的。再将无孔的金属管与圆柱筒 D 和圆柱筒 E 外带孔的金属管进行对比实验，我们又会发现在圆柱筒内磁铁数量、金属管材质一样的情况下，带孔的金属管比无孔的下降速度要快得多。

展品另一边是一个内置磁铁的装置，磁铁间隔排放，中间留有一条缝隙。将不同材质的圆盘放入缝隙，使其从高处落下，我们会发现塑料圆盘自由落体，而金属圆盘在下降过程中似乎受到了阻碍，速度没有塑料圆盘快。

太有趣了！一边是“慢动作比赛”，一边是“圆盘竞速”！

没错！我们通过这个展品就能更直观地“看见”涡流。

涡流到底是什么？

我们可以把涡流理解为金属内部一群看不见的“电流小兵”。

以展品中的 5 个圆柱筒为例。圆柱筒内间隔排列着两极交替分布的圆形磁铁，每块磁铁产生的磁场相互叠加，形成交变的磁感线网络。当金属管下落时，金属会不断切割这些磁感线，这种切割动作会让金属内部产生电流。

普通的电流喜欢沿着导线做直线流动，而金属管作为连续导体，其内部会形成闭合回路，让电流只能在金属内部绕圈，形成无数个环形的电流旋涡，这就是涡流。金属受到涡流的影响，下降速度就会减慢。

金属的导电性越好，产生的涡流越强。铜的导电能力是铝的 1.6 倍，切割磁感线时能产生更密集的涡流，形成的反向磁场也更强大，电磁阻尼力自然更大。而铝导电性较弱，涡流“兵力不足”，对抗时“力气小”，下落速度就快得多。

不过，如果给相同材质的金属管打几个孔，带孔金属管的下降速度会明显加快。这是因为孔洞切断了涡流的闭合回路，电流无法形成完整旋涡，产生阻碍运动的电磁阻尼力大幅削弱。

展品中的“圆盘竞速”原理其实和“慢动作比赛”是一个原理——塑料圆盘不会受到涡流影响，因此在降落过程中毫无阻碍；金属圆盘受到涡流影响，下降速度自然不能和塑料圆盘相提并论。

涡流：偶然的发现点亮创新的火种

1851 年，法国物理学家莱昂·傅科在实验室里研究电与磁的关系时，偶然发现了一个奇怪的现象：当他将一块磁铁快速靠近铜盘边缘时，静止的铜盘竟跟着磁铁转动起来！这一发现让他大为震惊，因为按照当时的科学理论，只有电流通过导线才会产生磁场，而铜盘并未通电。

于是，傅科决定解开这个谜团。他设计了一个巧妙的实验：将铜盘边缘浸入导电的水银槽中，并用导线连接电流计。当磁铁在铜盘上方快速划过时，电流计的指针剧烈摆动；磁铁静止后，指针又恢复原状。傅科由此得出结论——磁铁的运动在铜盘中激发出了一种环形电流，因其形状酷似水中漩涡，他将其命名为涡流。这一发现不仅解释了铜盘转动的秘密，还填补了电磁学理论中关于动态磁场与导体相互作用的关键空白。

傅科的发现很快引起了科学界的关注。19 世纪末，工程师们开始利用涡流的特性革新工业技术，例如，工厂中的电动机和发电机通过控制涡流减少能量损耗。到了 20 世纪，涡流的应用更加广泛：电磁炉通过交变磁场在锅底制造涡流，直接加热食物；火车上安装的涡流制动器能在刹车时产生阻力，使列车平稳减速；甚至连磁悬浮列车也依赖涡流来实现无接触制动。

傅科或许没想到，他的一次实验竟为现代科技创新埋下了种子。如今，涡流不仅是物理学课本中的经典案例，更成为工程学中不可或缺的隐形工具。从实验室到日常生活，这段跨越了 170 多年的科学故事告诉我们：一次偶然的发现，或许就是改变世界的起点。

涡流小实验

实验一：感受涡流

实验器材：铜管 1 根、铝管 1 根、塑料管 1 根、强磁铁（直径小于管径）3 个。

（1）竖直固定 3 种管子，确保其稳定性。

（3）将 3 个磁铁分别放入不同材质的管子中，观察其下落的速度是否一样?

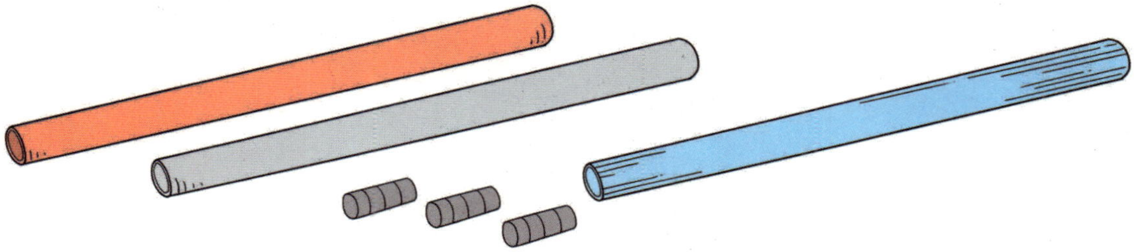

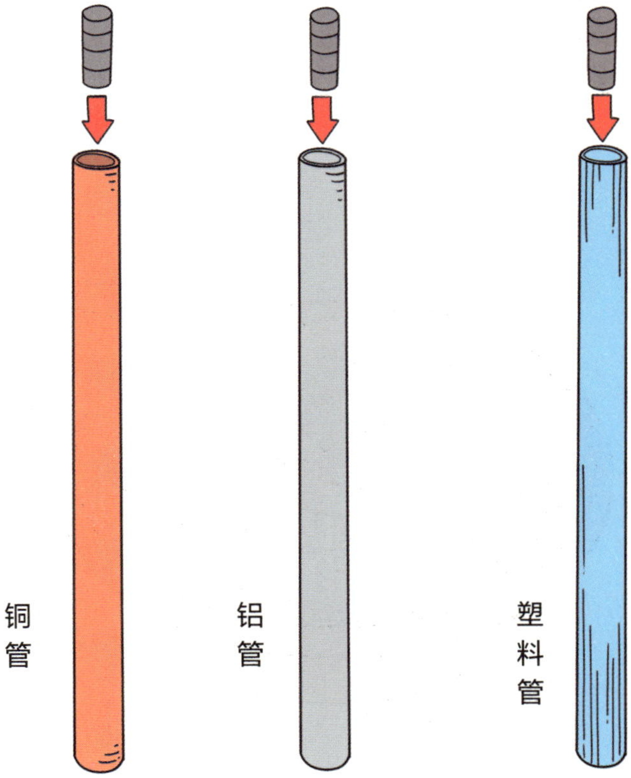

实验二：水上轻功

实验器材：铝制蒸片 1 块、水盆 1 个、水适量、磁铁 1 块。

（1）在水盆内装 2/3 的水，将铝制蒸片放入，使蒸片漂浮在水面上。

（2）用磁铁在蒸片上方画圈，观察蒸片的位置会发生怎样的改变?

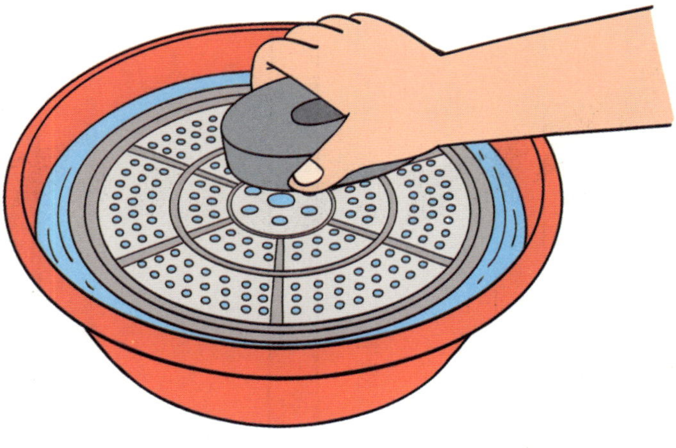

第7章

电彩纷呈

我的风筝肯定飞得比你们的都高。
可别太自信！
轰隆!!
好像要下雨了。
还没分出胜负呢！
赶快把风筝收好，先去凉亭避雨吧。
妈呀！不会劈到我吧？
太酷了！赶快拍个视频。
这里视野一点都不好，我们去江边的那个景观棚吧。
那么远，身上会淋湿的。
可以先到前面那几棵树下喘口气。

跑快点！休息10 秒就准备继续冲刺！
哇！这里果然不错，我要自拍一张。
皮皮，你的头发！
危险！启动防护罩。
我怎么觉得身上有点刺痛感？
你刚刚接触了被雨水打湿的金属栏杆，头发竖立起来是预示有雷击风险。
雷暴天气要特别注意安全，切记不要在空旷处大步奔跑，不要在大树下躲雨，不要在户外接触被雨水打湿的金属，最好还要远离水域。
你说的这些我们好像都做了。
我们刚才真是一直踩在“雷区”上。

雷电的威力有多大？

雷电是自然界中一种剧烈的静电放电现象，通常发生在雷暴天气，表现为云与云之间、云与地面之间或云体内部瞬间释放巨大的电能，伴随强光（闪电）和巨响（雷声）。在湖北省科技馆“数理世界”展厅就可以近距离体验雷电的魅力。

“电彩纷呈”展区里有 4 个装置。从右往左依次来看，第一个是两根呈羊角形的粗铁杆；第二个是头顶大圆盘的圆柱形设备，上面还有一根长长的金属针；第三个是黑色的圆柱体；第四个是一个铁笼子。在这里，大家可以观看一场属于电的精彩表演。

电能带来哪些奇妙的现象？

上面展品所呈现的都属于高压放电。所谓高压放电就是以高电压击穿空气而产生的一系列现象。

两根呈羊角形的粗铁杆是管状电极。当电压升高到 5 万伏特时，两根电极最近处的空气首先被击穿，在底部产生电弧放电，同时空气被加热，热空气向上移动，电弧也随着向上，犹如雅各布天梯，这件装置也因此命名。

头顶大圆盘且能够演奏音乐的装置是特斯拉线圈。当电压逐渐增大，附近的空气被电离，就会出现明亮的电弧放电，同时被高压击穿的空气会发出震荡并产生巨大声响。特斯拉线圈的输入端加入了音频信号，当放电频率与音频信号的频率相匹配时，电弧的振动频率也会随之改变，从而产生不同的音调。这样，就能听到与音频信号相对应的音乐了。

黑色的圆柱体在通入 10 万伏特高压电后，电流会击穿空气，高压电流从表面的中心向四周产生绚丽的电弧，同时发出巨大的噼啪声。由于放电过程是沿着玻璃板表面进行的，因此这件装置被称为沿面放电。

“最刺激”的是法拉第笼。它是由金属做成的笼子，当电弧击中笼体时，电流只能在笼子外表面流动，由于笼体接地，电流直接传入大地，笼体和人体之间便没有电位差，电流不会从人体流过，人自然不会触电。所以即使用手直接触碰笼子也不会有什么危险。

法拉第笼就像刚才智小博开启的防护罩一样。

了解了这么多原理之后，再来想想为什么雷暴天气有那么多禁忌呢？这是因为雷暴天气时，云层上聚集了很多电荷，大量电荷要找到一个通道来释放，这时高的建筑物、空旷处的树或人等都可能成为电荷释放的通道，而闪电瞬间释放的电压可达几百万伏特，一旦被它“选中”就会带来巨大的危险。

雷雨天放风筝，让他“捉”住了闪电

1752年，在费城郊外，有一对父子正忙碌着。阴沉的天空乌云密布，一场雷雨就要来了。此时这对父子却兴奋异常地摆弄一个风筝。他们要通过放风筝来做一个实验，用来验证闪电的本质。这位父亲就是大名鼎鼎的电学专家——本杰明·富兰克林。

他们的风筝上固定了一根细长的金属丝，以一条长长的绳子作为风筝线与金属丝相连，绳子下端挂了一把钥匙。金属丝是用来吸引闪电的，钥匙是用来验证电的。

突然，一道亮光闪过，绳子上的细纤维一瞬间都竖立了起来，就像突然长毛了一样。富兰克林冷静地点点头：“闪电被引下来了！钥匙上已经带电了。”他拿出早已准备好的莱顿瓶，把钥匙上的电荷收集到瓶中，对儿子一挥手：“把风筝扔掉，撤！”

富兰克林回家以后，赶紧用收集到闪电的莱顿瓶开始了常见的电学实验。这些实验证明，从闪电中引入莱顿瓶的电荷和用摩擦起电机产生的电荷是完全一样的，他破解了闪电的秘密，为电学的发展奠定了基础。

也正是这次风筝实验证明了富兰克林早就认识到的金属丝容易吸引电荷的“尖端放电”现象，并由此促使富兰克林提出了他一生中最重要的发明——避雷针。从此，人类的建筑物再也不怕雷击了。

电学小实验

实验一：奇妙的力量

实验器材：气球 1 个、碎纸屑若干、羊毛布料 1 块。

（1）将气球吹大，用羊毛布料摩擦气球表面。

（2）将气球靠近碎纸屑，但不要接触到，看看碎纸屑是不是纷纷跳起来贴在气球上了？

（3）再用羊毛布料摩擦气球表面，并将气球靠近墙面，试着将气球吸附在墙上。

实验二：静电铃铛

实验器材：剪刀 1 把、铝箔若干、透明吸管（或其他透明塑料管）1 根、气球 2 个、金属钉 2 枚。

（1）用剪刀剪下一小段塑料吸管，长度 2~3 厘米。

（2）用铝箔包裹金属钉的头部，使得金属钉的头部尺寸与吸管直径相当。

（3）再用铝箔搓出一个小球，小球尽量搓圆一些，并且大小可以塞进吸管。

（4）先将一个金属钉塞到吸管的一端，注意要确保钉子的尖端向外，然后在吸管中放入铝箔小球，再将另外一个金属钉塞到吸管的另一端，同样确保尖端向外。暂且将组合完成的物体称为钉管。

（5）吹一个气球，将其在头发上摩擦。

（6）拿起钉管靠近摩擦后的气球，你会发现原本静止在吸管中的小球突然开始左右横跳。

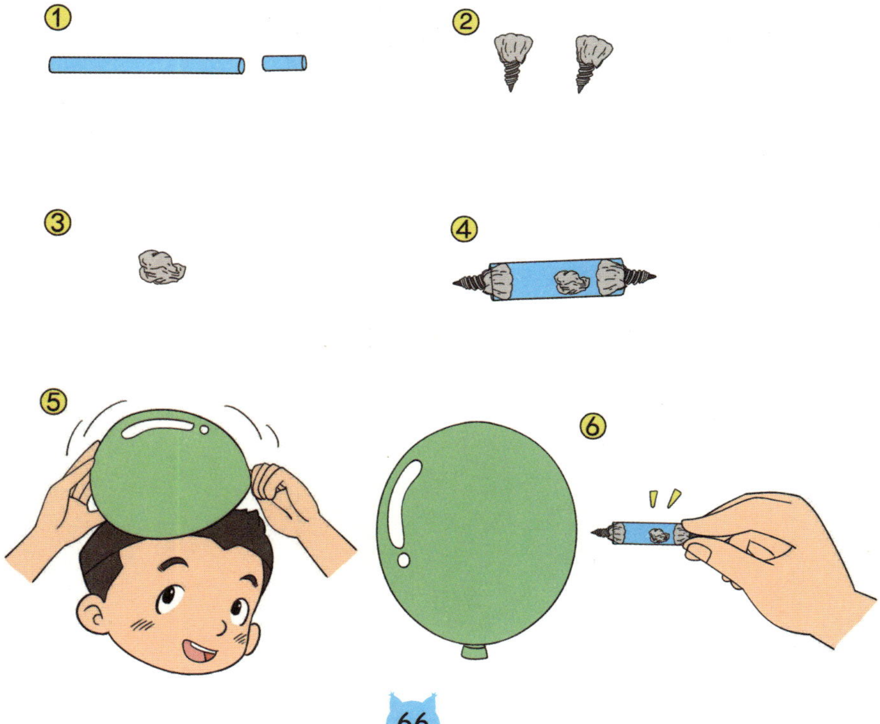

第8章

发现电磁波

这信号也太差了吧！
43%
网课都卡成静止画面了。
我早说得换个路由器。关键时刻掉链子！
听说把易拉罐放到路由器旁边可以增强信号。
得了吧！饮料就是拿来喝的。
信号好像确实没变化。
我倒是听说用锡箔纸把路由器包上会有用。
我看你是在烤羊排。
不行，还是只有1格信号。

这下有正当理由休息咯！
皮皮，你这样可不行哟。其实锡箔纸确实可以增强信号，只不过需要点技巧。
首先把锡箔纸多次对折，然后压实。
锡箔纸要比路由器长一些，然后稍作弯折。
你们站到路由器前面来，再看看信号有变化吗？
信号增强了。
画面变流畅了，我们快继续吧！
就不能给我个偷懒的机会吗？

为什么锡箔纸可以增强信号？

问题的答案就在湖北省科技馆“数理世界”展厅里，跟我来吧。

这个展品叫“发现电磁波”，里面放置了一根很粗的玻璃管。在玻璃管的内部有一根中间有放电针的金属杆。金属杆的后方是一个半圆形的金属板。在玻璃管的外部是一个可以旋转的，装有发光二极管的铜环。按下启动按钮，我们会看到金属杆的放电针上有电火花，同时铜环上的小灯泡被点亮了。转动右边的转轮，让铜环旋转起来，看看小灯泡在什么情况下会熄灭?

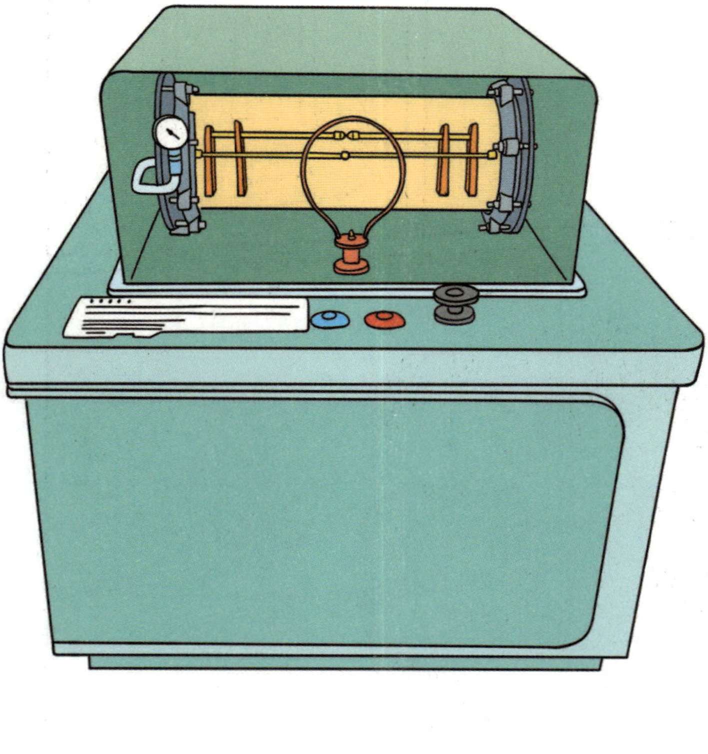

按下旁边的抽真空按钮，此时玻璃管里的空气逐渐被抽走，左边仪表盘里的指针也随着空气的减少而转动。这说明里面正逐渐变成真空。现在再转动转盘，看看小灯泡的明灭跟刚才一样吗?

这个展品展示的是如何“捕捉”电磁波，而智小博做的信号增强器也是用来“捕捉”电磁波的。

什么是电磁波？

变化的电场和变化的磁场构成了一个不可分离的统一的场，这就是电磁场。变化的电磁场在空间的传播形成了电磁波。

电磁波跟水波很像，都是能量波；不同的是，水波需要有水才能形成，而电磁波的传播却不需要我们已知的任何介质。所以，展品抽真空后，灯泡一样会亮。

每种电磁波都有特定的波长和频率。在电磁波中，凸起的最高处叫波峰，凹下的最低处叫波谷。邻近的两个波峰（或波谷）之间的距离叫波长。在 1 秒内有多少次波峰（或波谷）通过，频率就是多少。

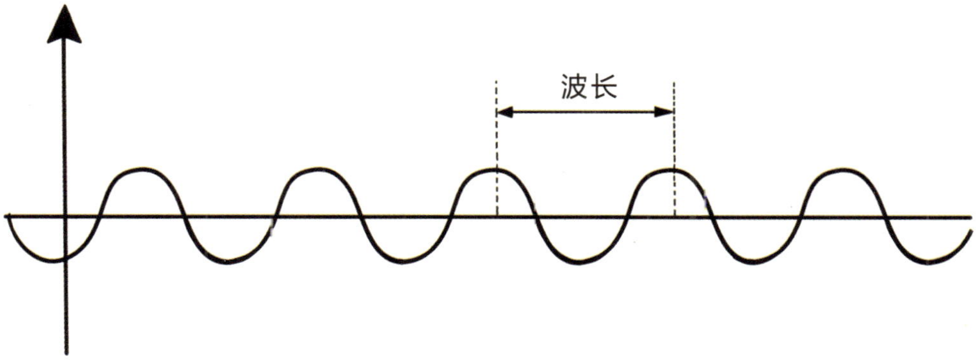

波长长的电磁波频率低，携带的能量少。随着能量的增加，电磁波频率也会变高，波长就会缩短。电磁波按频率由低至高依次排列，分别是无线电波、微波、红外线、可见光、紫外线、X 射线、伽马射线，它们组成了电磁波谱。

不同电磁波由于具有不同的波长（或频率）而具有不同的特性。利用这些特性，电磁波在生产、生活中有广泛的应用。例如，无线电波可以用于通信、雷达技术，微波可以用于 Wi-Fi 等信号的传输，紫外线可以消毒，X 射线可以用于诊断病情，等等。

和可见光一样，所有电磁波都发生反射，金属更是一种良导体。这也解释了为什么智小博把锡箔纸弯折后能将 Wi-Fi 信号反射回来，巧妙地增强了信号。

不过，站在锡箔纸背面是不会有效果的哦。

电磁波的狂想曲

1864 年，英国物理学家麦克斯韦总结前人的研究，在伦敦皇家学会发表《电磁场的动力学理论》，统一了电与磁的科学框架，预言了电磁波的存在，并推导出电磁波的传播速度等于光速，因而得出光也是一种电磁波的结论。遗憾的是，麦克斯韦于 1879 年逝世，没能亲眼见证电磁波得到实验验证。

1888 年，德国物理学家赫兹设计了精妙的实验，成功地产生和检测了电磁波。

赫兹的实验装置由发生器（左）和接收器（右）组成。发生器上有两个大铜球作为电容，并通过铜棒连接到两个相隔很近的小铜球上。通过一个振荡电路在两个小铜球间周期性发出电火花来产生电磁扰动。接收器则由一个铜环构成回路，环的两端各有一个小铜球，如果接收到电磁波，小铜球之间也会产生电火花。赫兹在一间黑暗的房间里开始了实验，实验证明发生器通电后，接收器的小铜球之间确实会出现电火花。

赫兹通过不断调节发射器和接收器之间的距离、方向和位置，观察接收器上是否有火花放电，从而判断是否有电磁波传播。赫兹还将

接收铜环绕旋转轴慢慢旋转，当旋转到某个角度时，铜环小球之间的电火花就会消失，赫兹由此得出电磁波是有极化方向的。这与我们旋转展品中的铜环后看到的现象一致。

赫兹还使用其他物体来遮挡、反射、折射或偏振电磁波，证明了电磁波具有与光相同的性质。他还测量了电磁波的波长和频率，并计算出它们的传播速度与光速相等。这一系列设计精巧的实验成功地验证了麦克斯韦理论的预言，证明光是一种特殊的电磁波。

为了纪念赫兹对于电磁学的贡献，频率的国际单位以他的名字命名。

1895 年，意大利工程师马可尼偶然读到了赫兹写的《如何用振荡器激发电磁波》。这位 21 岁的年轻人灵光一闪：为什么不使用赫兹的火花振荡器产生的电磁波来发射信号呢？次年，马可尼首次演示了利用电磁波传递信息的实验。1901 年，马可尼又成功地将无线电信号送到大西洋彼岸的美国。

电磁波小实验

重现赫兹实验

实验器材：锡纸若干、导线 2 根、软铁丝若干、铁钉 2 枚、发光二极管或小灯泡 1 个、打火机 1 个、泡沫板 1 个、木头筷子 4 根、鳄鱼夹若干。

（1）将两根筷子插在泡沫板上做成一个支架。

（2）在家长的帮助下，将打火机里的电子打火器拆出来。

（3）用导线和鳄鱼夹将打火器连接到两枚铁钉上。

（4）将连接了铁钉的导线固定在支架上，使两个铁钉的尖端相对。调整两个尖端的距离，使其非常贴近但不接触。确保按动打火器时，会在尖端出现噼啪作响的电火花。

（5）在两枚铁钉尾部分别绑上一段铁丝，之后在铁丝上盖上锡箔纸，作为发射天线。

（6）另取两根筷子插入泡沫板中，与之前的筷子连线形成一个正方形即可。

（7）将发光二极管两端也连接上铁丝，并固定在新插入的两根筷子上。将铁丝水平拉直，使其平行于锡纸。

（8）按动打火器，你会发现电火花出现的同时，发光二极管也被点亮。

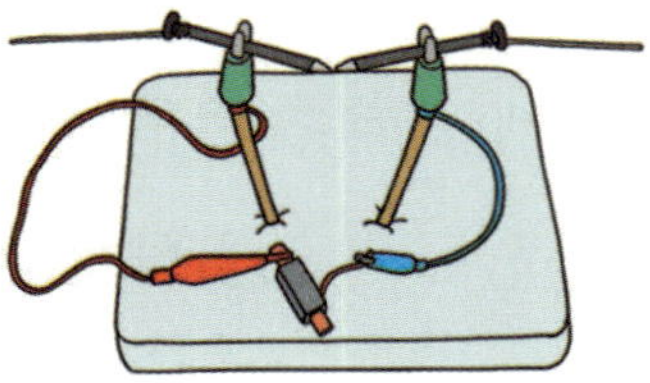

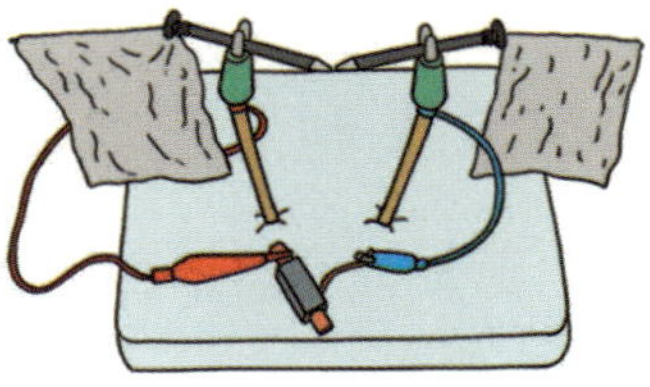

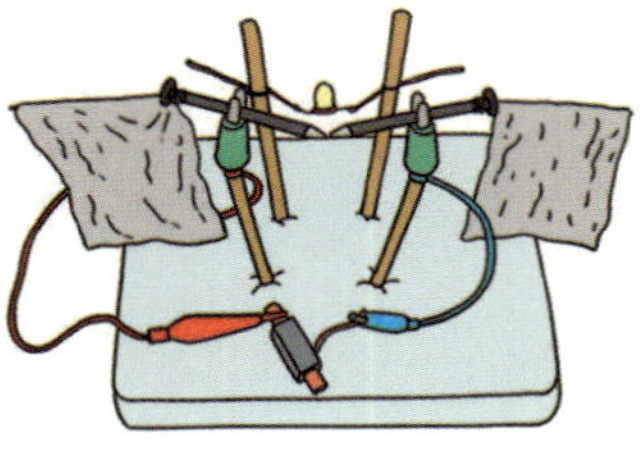

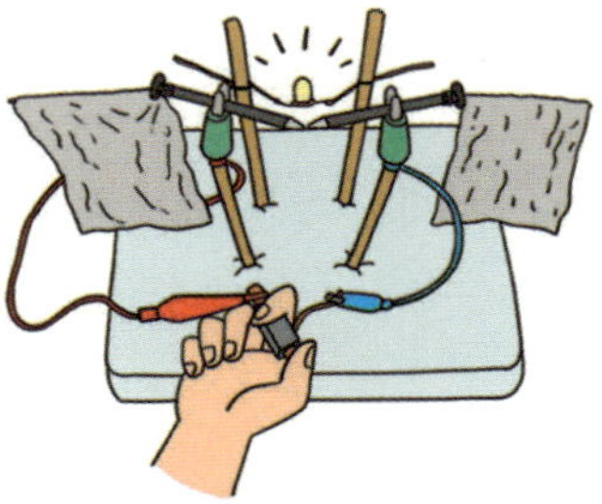